Z.2088
2

LETTRES
DU BARON
DE BUSBEC,

Ambassadeur de Ferdinand I. Roy des Romains, de Hongrie, &c. auprés de Soliman II. Empereur des Turcs.
Nommé ensuite Ambassadeur de l'Empereur Rodolphe II. a la Cour de France, sous le regne de Henry III. traduites en François, avec des Notes Historiques & Géographiques.

Par M. l'Abbé DE FOY Chanoine de l'Eglise de Meaux.

DEDIÉES

A Monseigneur le Comte D'ARGENSON Sécretaire d'Etat, & Ministre de la Guerre.

Hâc arte Pollux, & vagus Hercules
Enixus arces attigit igneas. Hor. Od. III. Lib. III.

TOME PREMIER.

A PARIS,

Chez { CLAUDE JEAN-BAPTISTE␣␣␣␣␣ fils, Libraire, Quay des Augustins à l'Image Ste. Genevieve.
Et LAURENT␣␣␣␣␣ fils, Libraire, ruë de la vieille Bouclerie.

M. DCC. XLVIII.
AVEC APPROBATION ET PRIVILEGE DU ROY.

A MONSEIGNEUR LE COMTE D'ARGENSON,

Sécretaire d'Etat, & Ministre de la Guerre.

ONSEIGNEUR,

Les Lettres dont j'ai l'honneur de vous préſenter

EPITRE

la Traduction, renferment les plus belles & les plus amples instructions sur la politique : leur Auteur, en suivant les principes qu'il y établit, a travaillé avec succès à augmenter la gloire de son Prince, & à faire le bonheur de sa patrie : c'est par-là qu'il s'est rendu également nécessaire, & dans la paix & dans la guerre. Vous avez les mêmes avantages MONSEIGNEUR, ainsi cet Ouvrage semble avoir plus de droit qu'aucun autre à votre protection ; daignez la lui accorder ; ce sont les prémices de mes foibles talens ; sous des

EPITRE

auspices si heureux, ne puis-je pas me flatter qu'ils se perfectionneront, & que mes productions pourront dans la suite me faire quelque honneur par elles-mêmes ; quant à celle-ci, je n'y envisage d'autre gloire que celle qu'elle me procure, de vous témoigner publiquement mon zèle, & le profond respect avec lequel je serai toute ma vie,

MONSEIGNEUR,

Votre très-humble & très-obéissant serviteur,
DE FOY, Chanoine
de l'Eglise de Meaux.

PREFACE.

PRÉFACE.

LE Livre dont je donne la Traduction, a reçû dans les premiers tems qu'il a paru plus d'applaudissemens qu'il n'en a été donné à aucun de ce genre.

(*a*) On en a fait plusieurs éditions ; d'abord les deux premieres Lettres furent imprimées seules ; à quelques années de-là (*b*) on imprima

---

(*a*) Louis Carion les publia à Anvers l'an 1581 sous le titre d'*Itinera Constantinopolitanum & Amazianum.*

(*b*) En 1590 avec le titre d'*Augerii Gislenii Turcicæ legationes epistolæ quatuor.* & en 1592 sous le même titre.

les deux suivantes en les unissant aux deux autres. En 1632 celles à l'Empereur Rodolphe le furent aussi. Quelle preuve plus certaine de l'utilité & du prix d'un Livre, que la rareté des exemplaires après cinq ou six éditions? Du tems de celles que firent les Elzévirs des Lettres de Busbec, les préjugés sur le faux mérite de la nouveauté n'étoient pas autant à la mode qu'ils le sont aujourd'hui: chacun cependant s'empressa d'en orner sa Bibliothéque; on cherchoit le beau & l'utile, l'agréable ne plaisoit pas moins qu'il plaît, & c'est parce qu'on a trouvé toutes ces qualités réunies dans ce

Livre, que les éditions en ont été épuisées.

Le bon, en fait de Littérature, est toujours bon, & le beau retient toujours sa beauté ; l'un & l'autre ne souffrent point d'altération même du tems; pourquoi les ouvrages de Busbec tant vantés dans le siécle passé, ne mériteroient-ils pas les éloges du nôtre ? ils n'ont pas à la vérité le clinquant des Romans, leur titre n'est pas merveilleux, mais les mots, dit un célébre Auteur, (a) « ne » sont que pour les choses, » les expressions les plus choi- » sies & les plus brillantes, si

___
(a) M. l'Abbé du Resnel, trad. de Pope.

» elles sont dépourvûes de
» sens, ne doivent être regar-
» dées que comme un son
» vuide & méprisable, qui n'a
» rien que d'insensé & de ri-
» dicule : au contraire, il faut
» faire cas des raisons, des
» pensées solides, & du sujet
» que l'on traite, quoique le
» tout soit destitué d'un grand
» ornement, parce que le vrai
» & l'utile par eux-mêmes
» sont toujours d'un grand
» prix de quelque maniere
» qu'ils se montrent.

Qu'y a-t'il en effet de plus grand que l'objet des quatre premieres Lettres de Busbec? toute la politique, pour ainsi dire y est renfermée. On y trouve la regle, & ce qui

PRÉFACE.

doit principalement servir de guide dans le Gouvernement. La prudence, la constance, les sages précautions, la fermeté, le déguisement sans mensonge, l'activité, la vigilance, le désinteressement personnel, un secret impénétrable.

Où trouver un plus sûr modele pour entreprendre de grandes choses, pour les exécuter, que dans son projet de guerre contre les Turcs? C'est encore l'Art Militaire le plus complet, la discipline la mieux détaillée; c'est l'école du Général d'Armée, celle de l'Officier subalterne & du simple Soldat, & tous y trouvent des regles pour devenir bons Soldats.

Je dis d'après *Vigneul Marville* (*a*) que les Lettres de l'Auteur à l'Empereur Rodolphe II. font mieux remplies & beaucoup plus utiles que tout ce que l'on a écrit fur les grands événemens de ce tems. C'eſt un portrait au naturel des affaires de France fous le regne d'Henry III. il raconte les choſes avec une naïveté ſi grande qu'elles ſemblent ſe paſſer fous nos yeux; on ne trouve point ailleurs tant de faits hiſtoriques, les grands événemens, comme

(*a*) Dans ſon mélange d'Hiſtoire & de Littérature.

la conspiration d'Anvers, & les petites intrigues de la Cour y sont également bien peintes; les attitudes, pour ainsi dire, dans lesquelles il met Henry III. la Reine mere, le Duc d'Anjou, le Roy de Navarre, la Reine Marguerite, le Duc de Guise, le Duc d'Epernon, & les autres favoris, de ce tems, nous les montrent du côté qui nous en découvre à coup sûr le fort & le foible, le bon & le mauvais; en un mot, ces Lettres sont un modele de bien écrire pour les Ambassadeurs qui doivent rendre compte à leur Maître, de tout ce qui se passe dans les Cours où ils résident.

Telle est la politique de

Busbec: dans les affaires les moins importantes, on voit que la sienne est toujours fondée sur ce qu'il y a de plus inviolable dans la nature, sur la raison même, sur ce qui est autorisé par la Loi Divine; sa fin est toujours la vraie gloire de son Prince, & le solide bonheur de sa patrie, & c'est là où il a trouvé le grand art de réussir dans les négociations les plus difficiles. Busbec, dit Hotteman, (*a*) doit être la principale étude d'un Ambassadeur, il contient les meilleures & les plus amples leçons pour ceux

(*a*) Dans son Traité de l'Office d'un Ambassadeur.

PRÉFACE.

qui sont employés dans ces grandes fonctions.

Beaucoup d'Auteurs ont écrit sur le gouvernement des Turcs, les Bibliotheques sont pleines de ces faiseurs de relations, qui donnent souvent des oüi-dire pour des faits certains: aucun n'en a parlé comme Busbec, il a vû, il a étudié leurs coûtumes, leurs maximes, leur police, leurs Loix; personne n'a dépeint au naturel comme lui, leurs mœurs dans la paix ou dans la guerre; lui seul a bien développé les avantages & les défauts de leur gouvernement. On sent qu'il a pénetré jusques dans le plus secret de leur politique, par la façon claire de s'expliquer sur leurs plus grands interêts.

On trouve dans les ouvrages de Busbec, ce que l'on cherche dans les meilleurs Auteurs, & souvent en vain, une variété agréable: successivement, il instruit, il occupe, il interesse l'esprit, il amuse, il récrée l'imagination; il traite les grandes choses avec dignité, on peut même dire que la plus grande partie de ses expressions sont sublimes. A celles-ci, il fait succéder des remarques curieuses, de petites histoires amusantes par elles-mêmes, ou qui le deviennent par le tour ingénieux qu'il leur donne.

Le mérite de ce Livre m'a

PRÉFACE.

engagé à le traduire, il ne contient rien qui ne soit à la portée de tout le monde, & qui ne soit en quelque sorte utile à tout le monde.

(a) Un Auteur d'un mérite distingué, dit que pour bien traduire il ne suffit pas de bien entendre la langue du texte, & celle de la version, mais qu'il faut encore avoir assez d'étendue d'esprit pour s'unir avec l'Auteur, de stile, de pensées, & d'expressions. Rien de plus difficile, la langue Françoise est abondante, elle est fleurie & agréable à l'oreille, mais elle n'a pas l'é-

_____

(a) Le Chevalier de Roscomon sur la maniere de traduire les Auteurs. Poëme Anglois.

nergie de la langue latine : on comprend dans celle-ci beaucoup de choses en peu de mots. Une aussi grande précision ne seroit pas de l'esprit de la langue Françoise.

Les pensées de l'Auteur pour la plûpart sont élevées & sublimes, elles perdent beaucoup de leur force dans ma traduction.

Ses expressions sont hardies, elles sont nobles, si on trouve les miennes triviales & trop communes, c'est que je me suis fait une fausse idée du simple & du naturel, j'ai mal imité cet air aisé, cet enjouement heureux qui brille dans les belles traductions de M. du Resnel, dans celles
du

du Pere Tarteron, & dans celles de Madame Dacier; pour tâcher d'imiter ces grands Auteurs, j'ai évité avec soin les grands mots & les phrases trop arrangées, j'ai cherché en rendant l'Auteur, à me rendre intelligible.

J'ai jugé comme indispensable de mettre des notes dans cette traduction; le tems dans lequel Busbec a écrit, quoique peu éloigné de celui-ci, l'est cependant assez pour que l'on puisse ne pas avoir tous les faits d'histoire assez présens à l'esprit, sans lesquels il ne paroît guères possible de bien l'entendre; il est d'ailleurs si étendu, & il parle de tant de choses, seulement en passant, qu'il m'a paru nécessaire de mettre dans beaucoup d'endroits des remarques qui en donnassent une facile intelligence, afin d'en faire avec l'Auteur une plus juste application.

Les notes géographiques satisferont la curiosité du Lecteur, & le mettront à son aise. L'Auteur ne prend pas toujours soin de l'instruire du lieu où il est; il y a même quelques curiosités qui lui sont échappées, ou qu'il n'a pas connues; j'ai consulté les meilleurs Auteurs, dans lesquels j'ai pris dequoi y suppléer.

J'ai divisé en trois parties

tous les Ouvrages de Busbec qui ne forment qu'un seul volume dans le texte original. Ses deux premieres Lettres font la premiere partie de ma traduction, les deux suivantes avec la Harangue de l'Ambassadeur Turc à Ferdinand, & les Articles du Traité de Paix proposés par Soliman, font la seconde. La troisiéme, contient son projet de guerre contre les Turcs, avec ses Lettres à l'Empereur Rodolphe. J'ai pensé qu'il seroit plus commode pour le Pubic d'en faire trois volumes portatifs qu'un seul, ou même deux qui auroient été trop gros.

ABREGÉ
DE LA VIE
DU BARON DE BUSBEC.

AUGER *Gislen*, Baron de Busbec, de famille noble & ancienne, nâquit à *Comines* en Flandre l'an 1522; *(a)* il fut élevé dans la maison paternelle avec beaucoup de soin, & y resta jusqu'à cet âge, auquel la vûe & la tendresse des parens, sont souvent un obstacle à une bonne éducation. Son pere l'envoya à *Louvain* pour y faire ses premieres études ; les progrès qu'il fît en cinq ans pendant les-

---

[*a*] Moréri & Bayle disent que la mere de Busbec étoit de basse naissance, mais que son pere ne se mésalliât point, pour le mettre au monde. Ils ajoutent qu'il fut légitimé à l'âge de six ans par un rescript de l'Empereur Charles V.

quels il étudia dans cette Université, surpasserent encore les esperances que ses heureuses dispositions avoient fait naître. Son pere n'épargna rien pour cultiver un fond si riche ; après ce tems, il l'envoya successivement à Paris, à Venise, à Boulogne, à Padoue.

Busbec de retour de ces Universités, (a) partagea son tems à cultiver les connoissances que son pere lui donna, à l'étude des Belles-Lettres, de l'histoire, & particulierement à celle des intérêts des Princes de l'Europe. Son merite ne tarda gueres à le faire distinguer. Don Pedre *Lassus*, Ambassadeur de Ferdinand, Roi des Romains, à la Cour d'Angleterre, le choisit pour l'accompagner dans cette Ambassade.(b) Quelques Auteurs ont dit que Busbec eut plusieurs

[a] En 1545.
[b] En 1554.

conversations particulieres avec le Roy *Henri* VIII. pendant qu'il resta à Londres, & que ce Prince lui fit des offres très-avantageuses pour se l'attacher. Busbec suivit l'Ambassadeur dans son retour à Vienne, & après avoir resté quelque tems à cette Cour, il se retira à Lille en Flandres.

Wander Aa, Ministre de Ferdinand, étoit ancien ami de Busbec pere, il aima autant le fils; souvent il en parloit à Ferdinand, comme d'un homme qui pourroit lui être d'une grande utilité. La maladie de *Malvezzi*, nommé Ambassadeur de ce Prince auprès de Soliman II. fit naître l'occasion. Wander étant consulté pour remplacer Malvezzi, qui ne pouvoit s'acquitter de cette commission, jetta les yeux sur Busbec, & le proposa à Ferdinand; il fut agréé, & le Roy lui donna le caractere d'Ambassadeur ordinaire. Busbec (*a*) partit: six mois après son arrivée à la Cour de Soliman, les Bachas trouverent à propos qu'il revint à Vienne, pour remettre lui-même à Ferdinand une lettre de leur Empereur; il le fît, Ferdinand le renvoya (*a*) aussi-tôt pour porter ses réponses : ce second voyage fut de sept ans.

Il suffit de lire les lettres de Busbec, pour sentir que ces deux Ambassades lui ont mérité les plus grands éloges ; il fut de la derniere fermeté à soutenir au milieu des Barbares les intérêts de son Maître, son honneur, & dans les occasions, celui de toute la Chrétienté ; les prisons n'altererent point son zele, ni n'ébranlerent sa constance ; la douceur de son caractere lui gagna le cœur du premier Visir. Soliman

[*a*] Au mois de Novembre de l'année 1554.
[*b*] Au mois de Novembre de l'année 1555.

écumoit de rage contre la Maison d'Autriche, peut-être la ruine dont elle étoit alors menacée, eut été le prélude de celle de toute l'Europe : Busbec calma Soliman, & fit par sa bonne politique, une paix très-avantageuse pour les circonstances. (a)

Comblé d'honneurs & de gloire, Busbec fit des jaloux à la Cour de Ferdinand, qui venoit de monter sur le Trône de l'Empire; il montra pour lors & sans foiblesse, tout son desinteressement sur les places de prééminence; la plûpart des Courtisans ne pouvoient se dissimuler qu'il y avoit droit plus que personne, d'autres s'imaginoient qu'il les briguoit. Busbec forma le dessein de quitter la Cour, & de passer le reste de ses jours dans une vie privée. L'Empereur en

[a] Elle fut signée de Ferdinand, & de l'Ambassadeur de Soliman le 27 Novembre 1562.

ordonna

ordonna d'une façon bien différente, ce fut à lui à qui il voulut que l'éducation (*a*) des jeunes Princes, les fils de Maximilien II. fut confiée. Busbec engagé de nouveau à la Cour, répondit avec dignité au choix de Ferdinand. Les grandes actions des Empereurs Rodolphe & Mathias, ont fait l'éloge de leur Gouverneur, elles étoient le fruit des sages leçons qu'ils en avoient reçus.

Les Princes étant arrivés à cet âge où il n'ont plus besoin de guide, Busbec résolut pour une seconde fois de se retirer de la Cour; il en fut empêché par une nouvelle commission, qui ne fait qu'ajouter à la haute idée que l'on doit avoir du mérite de ce grand homme. *Maximilien* maria la Princesse *Elisabeth*, sa

_____
[*a*] Rodolphe II. Ernest, Matthias, & Albert.

fille à *Charles* IX. Roy de France, & Busbec eut l'honneur de la conduire à Paris. (*a*) Cette Reine sentant le besoin qu'elle avoit d'un homme, tel que lui, l'attacha auprès d'elle, en lui donnant l'Intendance de sa Maison. Après la mort de Charles, cette Princesse s'en retourna en Allemagne, & laissa Busbec en France, chargé de toutes ses affaires. L'Empereur Rodolphe lui donna à cette Cour le caractere de son Ambassadeur, sous le regne de *Henri* III. successeur de Charles. IX.

L'Archiduc Albert étant devenu Gouverneur des Pays-Bas, érigea la terre de Busbec (*b*) en Baronnie, pour témoigner sa reconnoissance à son Gouverneur.

En 1592, Busbec obtint la permission de l'Empereur d'aller

[*a*] En 1570.
[*b*] En 1590.

en Flandres, pour y regler ses affaires particulieres; il prit sa route par la Normandie; pour faire ce voyage avec plus de sureté, il se munit de Passeports du Roy & des Chefs de la Ligue, mais l'autorité dans ces tems malheureux, ne mettoit point de barriere aux brigandages des Soldats de l'un & de l'autre parti; les Passeports furent inutiles à Busbec : à trois lieues de Rouen, une bande de Ligueurs l'arrêterent, & pillerent son bagage ; cependant il représenta avec tant de douceur au Chef de la bande, qu'ils violoient dans sa personne les loix sacrées, le droit des gens, qu'il se fit rendre la plus grande partie de ses effets. Cet accident peut-être, fut cause qu'il ne continua pas sa route ; il alla à Saint Germain, proche Rouen, chez une Dame de ses amies. Deux jours après son arrivée, il fut saisi d'une fiévre violente, de laquelle il mourût. *(a)* On enterra son corps dans l'Eglise du lieu, & son cœur fut porté à sa terre de Busbec.

Ainsi finit ce grand homme, âgé de soixante-dix ans, regretté des Grands, & pleuré de ses amis; les meilleurs Auteurs & les plus grands Historiens, se sont disputés la gloire d'être ses panégiristes, [*b*] les uns disent qu'il *fut non-seulement le meilleur politique de son tems, grave & prudent, mais qu'il aima beaucoup les Belles-Lettres, & qu'il fût très-curieux de la Philosophie naturelle.* C'étoit un grand homme, dit M. de Thou, [*c*] *qui avoit une con-*

[*a*] Le 29 Octobre 1592.

(*b*) Quenstedt. de patriis viror. illustr.
Lipsius Miscellan.
Melchior Adam. vit. Jurisc.

(*c*) *Vir eruditione rerum agendarum peritiâ, candore & probitate insignis, qui unam atque legationem ad Portam Otthomanicam sub Ferdinando Cæsare magnâ suâ cum laude gessit & elegantissimis, ac lectu jucundissimis Epistolis explicavit.* Thuan. lib. 104. p. 485.

noissance profonde des grandes affaires, il étoit d'une candeur & d'une probité rare ; il s'est acquitté d'une maniere à éternifer fa mémoire de deux Ambassades à la Porte Ottomane ; y étant envoyé par Ferdinand I. Roy des Romains ; les relations qu'il en a écrites, sont d'un beau stile, & très-amusantes à lire. Philippe Camerarius, semble pleurer encore la mort de Busbec dans ses méditations historiques, il dit, [a] c'est un cas lamentable en toutes sortes, que ce tant excellent personnage, les services duquel étoient si profitables au public, qui pour les Empereurs avoit été deux fois Ambassadeur à Constantinople, d'où il étoit venu sain & sauf, après avoir glorieusement surmonté plu-

___

(a) Selon la version Françoise au liv. 5. chap. 14. du troisiéme vol. on ne prend cet Auteur à témoignage ici que pour ce qu'il pensoit du mérite de Busbec, il se trompe sur le genre de sa mort, & sur ses Ambassades. Bayle en a fait une critique fort judicieuse, ainsi que de quelqu'autres Auteurs qui étoient dans les mêmes erreurs sur ce sujet.

sieurs dangers ; finalement en un voyage à Dieppe, fut dévalisé & tué dedans une forêt, par certaine troupe de brigands ; personnage digne de plus longue vie & de plus douce mort.

S'il m'est permis d'ajouter à l'éloge de Busbec après tant d'Auteurs si célèbres, je dirai que ces écrits le peignent pour avoir été de ces grands génies qui reçoivent la réputation lorsqu'elle vient à eux, mais qui ne courent point au-devant d'elle ; qu'il fût de ces sages politiques, qui sçavent que la verité défend de flatter les Grands, mais qui sont assez prudens pour respecter en silence leurs foiblesses ; que ses voyages perfectionnerent son esprit, lui acquirent de profondes connoissances ; & qu'il lui étoit permis de parler & de juger de tout avec confiance, par la solidité de son jugement, & par la multitude des choses qu'il avoit vû & appris.

LETTRES
DU BARON
DE BUSBEC,

Ambassadeur de Ferdinand I. Roy des Romains, de Hongrie & de Boheme, &c. traduites du Latin en François, avec des Notes Historiques & Geographiques.

PREMIERE LETTRE,

Dans laquelle il rend compte de sa premiere Ambassade à Constantinople.

OUS ne m'accuserez point d'être infidele dans mes promesses ; je me souviens à merveilles qu'en prenant congé de vous, je me suis engagé de vous

donner la Relation de mon voyage de Conftantinople. L'exactitude avec laquelle je vais vous la faire, vous prouvera combien j'ai à cœur de tenir ma parole ; mon fcrupule va même jufqu'à douter que j'y fatisfiffe pleinement, fi je ne vous rendois compte de mon voyage (*a*) d'Amafie: ainfi vous donnant plus que je ne me fuis engagé, je me flatte que vous ne me ferez aucuns reproches.

Mais, que cette tendre amitié qui rendoit autrefois tout commun entre nous deux, vous faffe feulement aujourd'hui partager avec moi le plaifir que j'ai eu ; & gardez-vous de prendre de la peine des dangers aufquels vous verrez que ma vie a été expofée : plus ils ont été grands, plus le fouvenir m'en eft agréable, fi vous m'aimez encore, le récit que je vais vous en faire, doit auffi vous plaire.

Vous vous rappellez fans doute, que quelque tems après mon retour

___

(*a*) Amafie dans l'Afie, eft, fuivant Ptolomée, au Pont de Galatie ; Pline & Gerblot difent qu'elle eft dans la Cappadoce fur l'Iris ; ceux-ci font plus croyables.

Cette Ville a fervi plufieurs fois d'appanage aux Filles aînées des Sultans.

d'Angleterre (*a*) Ferdinand m'ordonna de me rendre à Vienne. (Je n'étois allé à cette Cour que pour accompagner Dom Pedre, qui y avoit été envoyé par le Roy pour assister en qualité de son Ambassadeur aux nôces du Roy Philippe (*b*) avec la Princesse Marie.) Je reçûs le 3 de Novembre ses ordres, & je partis le même jour. (*c*) Je passai par Busbec pour y voir mon pere & quelqu'uns de mes amis. Le trop long-

(*a*) Ferdinand premier de ce nom, Empereur, nâquit à Medina en Espagne en 1503. Il épousa Anne, fille de Ladislas VI. Roy de Hongrie & de Boheme; le 5 Janvier 1531. il fut élû à Cologne Roy des Romains, & couronné le 11 du même mois & de la même année à Aix-la-Chapelle; en 1558. les Electeurs étant assemblés à Francfort, le reconnurent Empereur, sur la démission de Charles V. son frere, & le 14 Mars suivant, ils lui prêterent serment de fidélité. Ferdinand fut autant belliqueux que politique; son regne fut court. Il mourut à Vienne le 25 Juillet 1564. On verra par les remarques sur les points interessans des deux Ambassades de l'Auteur le génie de Ferdinand.

(*b*) Philippe fils de Charles IV. n'étoit encore que Prince d'Espagne, lorsqu'il se maria en seconde nôces à Marie, fille d'Henry VIII. Roy d'Angleterre.

(*c*) Il étoit pour lors à Lille en Flandres.

tems que j'y restai, m'empêcha de faire le plus petit séjour à Tournay; je continuai à faire diligence; étant arrivé à Bruxelles, j'allai voir Dom Pedre, qui me montra des Lettres du Roy par lesquelles il lui donnoit ordre qu'à mon arrivée dans cette Ville, il eût soin de me faire tenir des chevaux frais; les ordres de Sa Majesté furent exécutés, & dans peu je fûs à Vienne; mais vous ne sçauriez concevoir tous les dangers que je courus dans cette route: le cheval me fatiguoit extrêmément, les chemins n'étoient pas pratiquables, à cause des pluies continuelles, les jours fort courts, obligé de marcher pendant la nuit, & point de lune; cependant j'arrivai sain & sauf; M. Wander-Aa, Secrétaire d'Etat, me présenta au Roy: ce Prince de qui (*a*) je n'avois point l'honneur d'être connu particulierement, me reçût avec ces

---

(*a*) Il est vrai que Busbec n'étoit que très-peu connu de Ferdinand avant cette entrevûë à Vienne. Wander-Aa son ami, avoit fait sa cour pour lui; cependant il ne le dit pas positivement, mais il s'explique de façon à permettre cette liberté au Traducteur.

marques singulieres de bonté qu'il n'a ordinairement que pour ceux de qui il connoît le mérite & la fidélité. L'Audience qu'il me donna fut longue ; d'abord il me dit qu'il comptoit beaucoup sur mon zèle pour son service, & qu'il avoit mis toute sa confiance en moi ; dans ce détail, il me fit sentir combien il lui étoit important que j'acceptasse l'Ambassade de Constantinople, ajoutant qu'il étoit de la derniere conséquence que je partisse le plus promptement qu'il seroit possible..... Persuadé que j'obéirois à ses ordres, il avoit pris des arrangemens pour que j'arrivasse à Bude au commencement de Novembre, tems auquel il s'étoit engagé d'envoyer un Ambassadeur au (*a*) Bacha qui y

---

(*a*) Bacha, Pacha, ou Bassa, est un Titre d'honneur que l'on donne aux personnes considérables de la Cour du Grand Seigneur ; le Bacha de la Mer est ce que nous appellons en France le Grand Amiral. Les Bachas ne peuvent transmettre à leurs enfans ni leurs biens ni leurs Dignités ; le Grand Seigneur est leur héritier, la raison pour laquelle cette Loi est établie paroît singuliere ; pour l'ordinaire tous les Bachas sont Gouverneurs des Provinces & des Villes, où ils ont des Charges de Finance. Le revenu attaché à leur Place est mo-

réſidoit ; il ne prenoit, me dit-il, toutes ces précautions que pour ôter au Grand Seigneur le plus petit prétexte raiſonnable, s'il n'étoit pas fidele à tenir ce qu'il avoit promis.*

Je n'avois plus que douze jours, tems qui à peine eût été ſuffiſant pour mes préparatifs ; auſſi ne puis-je bien vous dépeindre quel étoit mon embarras ; je ne connoiſſois ni le caractere, ni les mœurs, ni les uſages de la Nation Ottomane ; n'eût-il pas été de la derniere imprudence que j'euſſe hazardé cette Ambaſſade ſans auparavant prendre des inſtructions ? Je fus donc obligé de retrancher encore ſur ces douze jours pour me faire inſtruire. Le Roy jugea à propos que je

dique, & on dit que c'eſt ce qui fait croire au Grand Seigneur que les richeſſes immenſes qu'ils ont ordinairement ſont des éxactions ſur le peuple, & des vols ſur ſes propres revenus ; ainſi, par grace quelquefois, il leur en laiſſe la jouiſſance pendant leur vie, & par Juſtice après leur mort une partie rentre dans ſes coffres où elles devoient aller, & l'autre partie eſt diſtribuée aux pauvres de la Ville ou de la Province dont ils étoient Gouverneurs.

*On verra dans l'entretien que Busbec eût avec ce Bacha ; ce que celui-ci avoit promis au nom de ſon Maitre, *pag.* 35. & 36.

m'adressasse à M. Malvezzi, personne effectivement ne pouvoit mieux que lui me mettre au fait ; le Roy l'avoit envoyé auprès de Soliman, pour négocier de concert avec M. Gérard Velduveck, Ambassadeur de Charles V. une tréve de huit ans. Son Ambassade avoit eu un succès si heureux que le Roy l'avoit envoyé une seconde fois avec le titre d'Ambassadeur ordinaire, afin que résidant à Constantinople il fût à portée d'empêcher les brigandages des Turcs dans la Hongrie, & qu'il portât ses plaintes directement au Grand Seigneur du peu de justice que les Bachas Gouverneurs des Villes qu'il avoit conquises rendoient aux Hongrois lorsqu'ils recevoient des insultes de la part des Soldats Turcs.

Cette seconde Ambassade n'avoit pas été si heureuse pour M. Malvezzi que la premiere (a) ; la paix & les ar-

---

(a) Après la mort de Jean Vayvode de Transilvanie, & Roy de Hongrie, Ferdinand se fit couronner Roy de Hongrie, & fit la guerre à Isabelle veuve de Jean, qui vouloit que son fils succédât à son pere dans le Vayvodat de Transilvanie. Isabelle appella à son secours le Grand Seigneur ; Ferdinand fut battu plusieurs

rangemens que le Roy fit secrettement avec la Reine Isabelle fut cause
de bien des mauvais traitemens que
Soliman lui fit, voici ce qui se passa
à ce sujet.

M. Malvezzi étoit en grande inti-
mité avec (*a*) Rustan Grand Visir, &
lorsque la nouvelle du Traité de la

fois, & perdit quelques Villes en Hongrie qui resterent au Turc. Enfin il fut contraint d'é-vacuer la Transilvanie ; la Reine Isabelle y en-tra, & par reconnoissance du secours que le Grand Seigneur lui avoit donné, elle s'en-gagea à lui payer tous les ans une somme de vingt mille écus ; ce Traité avec le Turc ne pût tenir contre la politique de Ferdinand, il fit des offres si avantageuses à Isabelle qu'elle le rompit ; elle céda à Ferdinand la Transilvanie, qui lui donna en échange le Duché de Munster avec une pension de vingt-cinq mille écus ; cet arrangement se fit si sé-crettement, & fut si bien négocié, que les Turcs ne le sçurent qu'après qu'il fut fait.

(*a*) Rustan étoit fils d'un Vacher, lui-même avoit été Berger. Il s'éleva par son mérite per-sonnel jusqu'à la Dignité de premier Visir. Il joignit à cette Dignité l'honneur d'épouser une fille de Soliman ; la mort de Mustapha fils aîné de Soliman fut la cause de sa disgrace, mais il dût une seconde fois à ses grands talens & à son habileté pour augmenter les Finan-ces de l'Etat, le pardon qu'il en obtint, il fut remis en place. Rien ne le rendit jamais suspect à l'Empereur que sa trop grande ava-

Reine Isabelle avec Ferdinand, commença à se répandre dans Constantinople, Rustan demanda à M. Malvezzi si ce bruit étoit vrai ; M. Malvezzi lui assura que c'étoit une fausseté. (peut-être l'ignoroit-il) Rustan aussi-tôt alla rassurer le Grand Seigneur, lui disant que Sa Hautesse pouvoit ajouter foi à la réponse de

rice, quoique dans le fond il n'aimoit l'argent & ne mettoit des Impôts que parce qu'il sentoit le besoin pressant de son Maître ; il étoit si habile dans cette partie qu'il tiroit de l'argent même des fleurs qui croissoient dans les grands Jardins, tandis que d'un autre côté il faisoit revendre le cheval, la cuirasse, & tout l'équipage de chaque prisonnier de guerre que l'on prenoit, il faisoit enfin argent de tout. Ce talent pour les Finances étoit si connu, qu'un Turc, homme de considération, disoit un jour étant extrêmement irrité contre lui, qu'il ne voudroit pas lui nuire, quand même il le pourroit, (ce qui est admirable dans un Turc) parce que personne comme lui n'avoit le secret de procurer de l'argent à son Maitre.

Il y a dans le Palais du Grand Seigneur une Chambre destinée à renfermer l'argent que Rustan leve par ces sortes d'Impots extraordinaires, avec cette inscription sur la porte : *Pecuniæ Rustani diligentiâ acquisitæ.*

J'ai pris dans l'Auteur ce qui est en Note, de l'avarice de Rustan, pour ne point interrompre la suite de l'Histoire.

Malvezzi ; Ferdinand d'un autre côté ayant consommé son Traité avec la Reine Isabelle, se mit en possession de la Transilvanie, & n'en fit plus un mystere. Ce premier bruit alors se confirma, on reçût à la Porte des Lettres qui l'assuroient de façon qu'il n'étoit plus permis d'en douter ; le Grand Seigneur s'emporta vivement contre Rustan, & lui fit des reproches de sa trop grande facilité à croire ce que M. Malvezzi lui avoit dit ; vous devinez sans doute que Rustan, piqué des reproches que le Grand Seigneur lui faisoit, ne demeura pas tranquille ; il fit sentir à M. Malvezzi tout le feu de sa colere, lui reprochant dans les termes les plus durs qu'il avoit abusé de sa confiance ; enfin le pauvre Malvezzi fut traîné en prison, ses effets confisqués, & ses Domestiques mis à l'encan ; voilà comme se termina cette catastrophe. Je serois trop long si je vous racontois tous les mauvais traitemens qu'il souffrit pendant deux mois qu'il restât en prison, il me suffira de vous dire qu'il y eût une maladie causée par une rétention d'urine, de laquelle il pensa mourir, parce qu'on ne voulut permettre à personne, pas même à un Médecin d'aller le visiter, & de lui donner du secours. Tel est le caractere des Turcs, il n'est point de Nation qui en use avec de meilleurs façons, & avec des marques d'un plus grand attachement, envers ses amis ou ses alliés, mais aussi il n'en est point qui traite ses ennemis avec plus de barbarie & avec plus d'inhumanité.

Le Grand Seigneur s'étant ainsi vengé de la prétendue perfidie de M. Malvezzi, fit assembler son Conseil, pour déliberer sur le parti qu'il avoit à prendre pour ne pas perdre la pension assignée sur la Transilvanie ; quelque modique qu'elle fût, elle ne lui parut pas un interêt à négliger : l'affaire n'étoit pas facile à décider ; les troubles de l'intérieur de l'Empire empêchoient qu'il allât faire la guerre au dehors, ainsi on délibera pour une négociation, & qui fut sans succès.

Ferdinand dans son Traité d'échange avec la Reine, ne s'étoit point engagé de continuer à payer cette pension au Turc. Isabelle de son côté s'en trouvoit déchargée,

puisqu'elle cessoit de jouir de la Transilvanie, seule raison pour laquelle
elle s'étoit rendue Tributaire du
Turc. Ainsi l'un & l'autre appuyé de
ces moyens crurent être en droit de
refuser à Soliman la pension qui
étoit de vingt mille écus.

On examina à la Porte ces raisons, elles parurent sans replique,
mais on imagina que la Reine n'avoit
pû traiter ainsi avec Ferdinand de la
Transilvanie, sans l'aveu de Soliman,
& que l'ayant fait, le traité étoit nul,
& que Ferdinand devoit rendre la
Transilvanie.

Ferdinand répondit à ces dernieres
raisons qu'il ignoroit quels pouvoient
être les droits de Soliman sur la Transilvanie, qu'il avoit traité avec la
veuve du (a) Vayvode dans la bonne
foi, (b) que cette Princesse n'y avoit

(a) Vayvodes étoit le nom que l'on donnoit aux Gouverneurs de la Valachie & de la
Moldavie, il signifie aussi Prince Souverain;
c'est ainsi qu'il faut l'entendre dans cet endroit de Busbec.... On appelle encore Vayvodes les Gouverneurs particuliers de quelques Villes sous un Bacha dans l'Empire des
Turcs.

(b) Il est à remarquer que le Roy Jean
avant de mourir avoit nommé George Mar-

point été contrainte ni par la force ni par ruses, qu'il vouloit que son traité eut toute son exécution, & qu'enfin il ne payeroit de tribut à personne, & qu'il resteroit maitre de la Transsilvanie.

La détention de M. de Malvezzi en prison, obligea Ferdinand d'envoyer un autre Ambassadeur à Constantinople ; il choisit l'Evêque d'Eger, à qui il donna pour Adjoint un Capitaine de Galere, nommé Zay. Le Roy avoit de grandes preuves de la fidélité de ces deux hommes, & il connoissoit toute leur habilité dans les négociations ; Malvezzi à leur arrivée sortit de prison, Soliman même le chargea de ses lettres pour Ferdinand, il revint à Vienne, & Ferdinand quelques tems après résolut de le renvoyer à Constantinople avec la commission d'Ambassadeur ordinaire, supposé que la paix se fit entre ces deux Princes.

Ainsi cette affaire dont les com-

tinusius Evêque de Varadin pour être Tuteur de son fils, que ce Prélat ne consentit jamais au Traité d'échange que Ferdinand fit avec la Reine ; il s'y opposa au contraire de toutes ses forces, & se fit un parti considérable qui auroit maintenu le jeune Prince dans la

mencemens avoient été si malheureux, eut une fin au contraire très-heureuse; & aussi-tôt que Ferdinand eut donné ses ordres, Malvezzi partit en passant par(*a*)Commaronium, mais il s'y est trouvé si violemment attaqué de sa rétention d'urine, qu'en peu de jours on a désesperé de sa vie. Ne pouvant aller plus loin, il prit le parti d'écrire au Roy, & de lui mander l'état où il se trouvoit, le suppliant de vouloir bien le rappeller, & d'envoyer un autre Ambassadeur à sa place; le Roy à l'ouverture de la lettre s'est imaginé que le souvenir des mauvais traitemens que les Turcs lui avoient faits, pouvoit bien l'avoir déterminé à feindre une maladie, craignant que pareils malheurs ne lui arrivassent; cependant le Roy faisant d'un autre

possession des Etats de son pere, si le Conseil de Ferdinand n'eût chargé un Capitaine d'Infanterie d'assassiner l'Evêque; on s'en tint au murmure en Hongrie après la mort du Prélat; est-ce là une marque de la bonne foi de Ferdinand.

(*a*) Commaronium est une Forteresse sous les murs de laquelle la riviere de Vage vient se perdre dans le Danube. C'est la derniere Place de la Hongrie, & la plus voisine de la Turquie.

côté attention aux preuves de fidélité & d'attachement pour sa personne & pour l'Etat, que Malvezzi avoit donné dans toutes les occasions, n'a plus douté de la réalité de sa maladie, il l'a rappellé, & m'a chargé à sa place de l'Ambassade.

Je partis donc, comme j'ai eu l'honneur de vous le dire, pour aller trouver M. Malvezzi, qui s'étoit retiré dans une de ses Terres, afin qu'il me mit au fait du gouvernement des Turcs, (a) & que par ses sages avis je pûs me garantir de leurs ruses, & des piéges qu'ils pourroient me tendre. Je ne restai que deux jours avec lui : vous jugerez par ce peu de tems combien peu aussi je fus instruit, & à vous dire vrai, il ne m'apprit que

(a) Les Turcs descendent des Scytes, qui habitoient entre le Pont Euxin & la Mer Caspienne ; ils sont naturellement ambitieux, & tiennent encore de la cruauté de leur premiere origine : ils sont grossiers & fainéans, pour l'ordinaire mal-propres & gourmands, ils s'exposent aisément au danger, on n'en devine pas aisément la raison, c'est un mélange singulier de bonnes & de mauvaises qualités, ils sont politiques & sages dans leur Gouvernement, charitables envers les Etrangers, faisant bâtir des Hôpitaux pour les y recevoir.

ces sortes de choses qui sont de l'usage familier ; de-là je revins à Vienne, & je me mis en état de partir le plus promptement qu'il me fût possible, mais il me restoit tant de choses à faire, le tems que j'avois pour tout disposer étoit si court, & le Roy me pressoit si vivement, que je désesperai de pouvoir partir au jour marqué : voici à ce sujet une petite ruse dont le Roy se servit pour me piquer d'honneur, croyant me faire faire plus de diligence. Il alla à la chasse le jour qu'il avoit indiqué pour mon départ, & le matin à son lever il dit qu'il me connoissoit si diligent, qu'il ne doutoit pas d'un instant que je ne fusse parti avant son retour, ce qui arriva effectivement, mais je le dévancai de bien peu.

Il étoit onze heures du soir quand nous arrivâmes à Ficiminum, quoique cette Ville ne soit qu'à quatre mille de Vienne, nous nous y arrêtâmes pour souper, ce que nous aurions fait avant de partir si nous n'eussions pas été si pressés ; de-là nous primes la route de Commaronium, je devois séjourner dans cette Ville, attendu que le Roy m'avoit ordonné de conférer

férer avec un certain homme appellé Palinohi, & de le mener avec moi à Bude ; cet homme étoit exactement informé des vols & des brigandages que les Turcs faifoient chaque jour dans la Hongrie. Je devois le préfenter au Bacha de Bude, comme un témoin oculaire de ces ravages, dont je venois lui faire des plaintes de la part du Roy, mais ce Palinohi ne fçachant point les deffeins du Roy, & ignorant que je duffe arriver, s'en étoit allé quelques jours avant mon arrivée à la campagne, perfonne ne fçavoit où il étoit, ni quand il reviendroit, ce qui me chagrina extrêmément. J'écrivis de tout ceci au Roy, & je le prévins que ce Palinohi étant ainfi abfent, il ne m'étoit pas poffible d'exécuter fes ordres, cependant je fis refter un homme de ma fuite un jour après mon départ, afin que fi ce Palinohi arrivoit, il vint me joindre, & nous continuâmes notre route.

Après trois jours de marche, j'arrivai à (*a*) Grand ; le Gouverneur de

_____

(*a*) Grand eft une Ville confidérable dans la baffe Hongrie ; il y avoit très peu de tems que les Turcs l'avoient prife quand Busbec y paffa : c'étoit la premiere Place des Frontieres

Commaronium m'avoit fait escorter de seize Housards, à qui il avoit donné ordre de ne point me quitter que quand le Détachement que le Gouverneur de Grand devoit envoyer au devant de moi, nous auroit joint. A peine eûmes nous marché pendant trois heures, que nous apperçûmes quatre Cavaliers Turcs ; je me doutai que c'étoit ceux qui devoient m'escorter ; pour lors sans attendre qu'ils nous eussent joint, je congediai mes Housards, sçachant la haine implacable qui regne entre ces deux Na-

de l'Empire Ottoman. En 1543. Soliman la prit, en 1595. l'Empereur la reprit, & en 1605. les Turcs l'ont reconquise ; elle est restée sous leur domination jusqu'en 1683. que l'Empereur & l'Electeur de Baviere s'en rendirent les Maîtres. Depuis ce tems les Turcs ont fait plusieurs tentatives pour la reprendre, mais elles ont toujours été sans fruit ; l'Empereur l'a si bien fortifiée, que les seuls habitans sans autre secours, pourroient la défendre pendant un siége de deux mois. Grand est bâtie dans une plaine, le Château est sur une Colline dont le Danube arrose le pied ; il y a quelques Auteurs qui divisent cette Ville en haute & basse, ce qui seroit contraire au bon sens, vû sa position qui est dans une plaine, s'ils n'entendoient parler de son Château, duquel ils sont la haute Ville.

tions, j'apprehendai quelques escarmouches dans cette rencontre.

Ces quatre Cavaliers venoient effectivement au devant de moi, & ne pensez pas que ce fût là toute l'escorte; ils n'en faisoient tout au plus que l'avant Garde : dès qu'ils m'apperçûrent ils se rangerent en bataille pour me saluer, ensuite s'avançans près de la portiére de mon carrosse, ils lierent conversation avec moi; (j'avois un Interprête,) mais comme je m'étois imaginé que c'étoit là toute l'escorte, je vous dirai que je fus dans la derniere surprise de me trouver environné de tout un Regiment de Cavalerie après avoir fait un quart de lieue. Un autre que moi sans doute se seroit trouvé bien flatté de cet honneur, d'autant mieux que toute la troupe étoit des hommes choisis. Leurs boucliers & leurs lances étoient peintes & très - bien ajustées, ils avoient des coutelas enrichis de pierreries, leurs turbans ornés de belles plumes de différentes couleurs, leur uniforme rouge, tous montés sur de très-beaux chevaux & très-bien harnachés. Les Officiers s'avancerent & me firent leur compliment sur mon heureuse arrivée ; ensuite ils me demanderent quel étoit le sujet de mon Ambassade, comme je ne crûs pas qu'il fût nécessaire de le leur dire, je leur répondis ce qui me vint d'abord en pensée, nous continuâmes ainsi notre chemin, faisant conversation sur des choses indifférentes ; enfin nous arrivâmes à Grand, j'y entrai avec ma troupe comme auroit fait un Empereur dans un jour de triomphe ; j'allai loger chez (a) l'Archevêque, qui me traita plutôt comme un Militaire que comme un Ambassadeur ; je fus heureux d'avoir avec moi mon lit de camp, j'aurois couché comme tous mes gens sur le plancher, sur lequel il fit étendre de mauvais tapis, sans matelats, sans draps, ils n'eurent pas même de paillasses ; ainsi ce fut chez M. l'Archevêque où ils sentirent pour la premiere fois les plaisirs que donne la molesse du coucher des Turcs.

(b) Le Sangiac de la Ville apprit

(a) L'Archevêque de cette Ville est le plus grand Seigneur de toute la Hongrie, ses richesses sont immenses, & sa Dignité est la premiere du Royaume.

(b) Un Sangiac chez les Turcs fait dans une

le lendemain mon arrivée, & quoiqu'il sçut très-bien que je n'avois point de lettres à lui remettre ni rien à lui dire de la part de mon Maitre, il me fit presser d'aller le voir ; j'étois si fatigué de la route, que je l'envoyai prier de m'en dispenser, il n'écouta point mes raisons, il persista au contraire avec tant d'opiniâtreté, que je ne pûs me défendre d'y aller. Vous augureriez sans doute qu'avec tant d'empressemens il avoit des choses d'importance à me communiquer ; rien moins, il me dit qu'il vouloit seulement me voir, me faire ses offres de services, me demander le sujet de mon Ambassade, m'exhorter à faire la paix, & enfin me souhaitter un heureux voyage. Vous voyez que la curiosité seule fut le motif des empressemens du Sangiac, je sçavois déja que ce deffaut étoit commun à tous les Turcs, aussi en fus-je bien moins surpris que je ne l'avois été d'entendre croasser des grenouilles pendant toute la route de Commaronium à Grand, d'autant mieux que

Place les fonctions de Lieutenant de Roy. Il commande sous les ordres d'un Bacha qui en est le Gouverneur.

nous étions pour lors dans le mois de Decembre, & que le tems étant très-froid, ceci me parut un phénomene; j'en demandai la cause à quelques gens du Pays, qui me dirent que l'eau de ces marais malgré la rigueur de la saison étoit toujours tiéde à cause de la quantité de soulphre qui étoit dans le limon.

Je ne restai qu'un jour à Grand, & le lendemain j'en partis dans le dessein d'aller coucher à Bude, mais on m'avertit qu'il falloit que je me précautionnasse de faire un déjeûné qui pût me servir en même tems de dîné, parce que de Grand à Bude on ne trouve point d'Auberges. Je n'oublierai pas de vous dire que le Sangiac voulut me conduire : je lui fis les plus fortes instances pour l'engager à ne pas prendre cette peine, mais il ne me fut pas possible de l'en empêcher : il fit monter à cheval tous ses esclaves, à la tête desquels il se mit; dès que nous eûmes quitté les Portes de la Ville, toute cette Cavalerie mit le bonnet bas, & fit un exercice qui me parut fort singulier; ils couroient brides abbatuës les uns sur les autres la lance haute, d'autres caraccoloient, vous eussiez été surpris de leur adresse, & de la grace qu'ils avoient à faire ces différens mouvemens. Je me rappelle que dans la Troupe il y avoit un jeune Tartare dont les cheveux étoient si longs & si épais que l'on me dit qu'il ne se couvroit jamais la tête, ni dans le froid ni dans un tems de pluie; on m'ajouta même qu'ils lui servoient de casque pour se garantir des fleches ou des coups de sabre quand il se trouvoit dans une affaire.

Enfin quand le Sangiac crût avoir fait assez de chemin, il s'arrêta, & après nous être fait beaucoup de politesses de part & d'autre, il prit congé de moi, & s'en retourna à Grand; je restai seulement avec ceux qui étoient destinés pour m'escorter.

En arrivant à Bude, je trouvai quelques (*a*) *Chiaous* qui étoient

(*a*) Les Chiaous sont des Officiers du Grand Seigneur qui font les fonctions de nos Huissiers & de nos Exemts; ils sont au nombre de six cens. Celui qui les commande s'appelle Chiaou Bachi. C'est une place de distinction, ils sont les porteurs des Arrêts de mort que prononce le Grand Seigneur contre un Visir

venus au-devant de moi, j'allai loger dans cette Ville chez un particulier Hongrois, qui eût un très-grand soin de mes chevaux & du reste de mon équipage ; il n'en prit pas autant de moi, à beaucoup près ; les Habitans de ce Pays ont sur cela un système tout particulier ; ils s'imaginent que pourvû qu'un homme soit à l'abri des injures du tems, ç'en est assez, ils se mettent peu en peine du reste.

Dès que le Bacha sçût mon arrivée, aussi-tôt il m'envoya un *Tuigon* pour me saluer de sa part, me priant de vouloir bien l'excuser s'il ne venoit pas lui-même de quelques jours, ce qu'il prévoyoit ne pouvoir faire parce qu'il étoit malade, mais qu'aussi-tôt qu'il seroit seulement convalescent, il ne manqueroit pas de venir m'offrir ses services. Cette maladie me fit faire un long séjour à Bude, ce qui me donna le tems d'attendre de Commaronium ce Palinohi, qui

---

ou un Bacha, cet Arrêt est enveloppé d'un satin noir. Les Chiaous sont armés d'un Cimeterre, d'un Arc & de Fleches, ils portent à la main un bâton couvert de lames d'argent, au bout duquel est une masse aussi d'argent, faite en forme de globe.

de son côté avoit fait prompte diligence pour venir me joindre, dès qu'on lui eût dit que j'avois besoin de lui, mais le sujet de la maladie de notre Bacha étoit trop plaisant pour que je ne vous le raconte pas. Vous sçaurez donc que ce Bacha est extrêmément avare, & d'une méfiance qui passe toute expression, croyant que son argent ne seroit pas en sûreté chez lui, il l'avoit caché dehors, je ne sçai où, si mal cependant que quelqu'un l'avoit observé, & l'avoit dérobé. Ce vol fut pour le Bacha un coup de foudre, la fiévre l'avoit prise aussi-tôt qu'il le sçût. Voulant cependant survivre à son malheur, il me fit prier de lui envoyer mon Médecin, je le lui envoyai effectivement ; c'étoit ce pauvre Guillaume Quakelben, homme de bon sens, & fort expérimenté dans son Art. Mais je faillis bien à me repentir de ma complaisance ; le Bacha avoit été si sensible à sa perte, que toutes les fois qu'elle se présentoit à son imagination la fiévre redoubloit, & ce souvenir se répétoit si souvent que les accès devinrent des plus violens, & qu'en peu on désespera de sa vie. Jugez dans tout ceci de mon inquiétude. Je sçavois que si le pieux Bacha eût été joindre son Mahomet, les Turcs n'auroient pas manqué de dire que c'étoit mon Médecin qui l'avoit congédié, quel mauvais parti ne lui eussent-ils pas fait ? & pensans que j'étois d'accord avec lui, croyez-vous que j'avois lieu d'esperer un meilleur traitement ? mais, grace à Dieu, le Bacha revint en santé, & j'en fus quitte pour la peur.

Ce fut à Bude où je vis pour la premiere fois (*a*) des Janissaires dont la Garnison est entiérement composée, cette Troupe est aujourd'hui au nombre de douze mille hommes. Ils sont répandus dans toute la Turquie, les uns gardent des Places de Guerre, & d'autres sont seulement pour maintenir la paix & le bon ordre dans des Villes habitées par les Juifs, par les Chrétiens, & par les Turcs.

(*a*) Les Janissaires sont une Troupe d'Infanterie destinée pour la garde du Sultan. Sa création est d'Amurat I. leur nombre n'est pas déterminé, ils sont aujourd'hui bien moins puissans qu'ils l'étoient autrefois. En 1648. ils déposerent Ibrahim Empereur, & l'étranglerent.

Leur habillement est singulier, ils ont des casaques qui leur descendent jusqu'aux talons; à la place de Bonnet ou de Turban, ils portent sur la tête une manche de cette casaque qui semble être coupée en deux; la partie du devant s'éleve sur le front comme une pyramide en forme de corne ou de capuchon, & ce capuchon est brodé en or & en argent, & garni de quelques pierreries, qui sont fausses à la vérité, la partie du derriere leur descend sur les épaules, & leur sert de manteau. Dans le séjour que j'ai fait à Bude, deux de ces Janissaires ont presque toujours assisté ou à mon dîné ou à mon souper; dès qu'ils entroient dans la salle à manger, ils commençoient par se découvrir la tête, & se tenant à la porte ils me saluoient profondément; ensuite ils se mettoient à courir en s'approchant de moi, l'un me prenoit la main pour la baiser, l'autre un pan de mon habit; ils m'offroient après chacun un bouquet d'Hyacinthe ou de Narcisse, leur compliment ainsi fait, ils regagnoient la porte encore en courant, & toujours reculant de peur de me tourner le dos (ce qui seroit chez les

Turcs un manque de respect) puis les yeux tournés vers la terre, les deux mains sur la poitrine, & dans un profond silence, ils se tenoient de bout : n'est-il pas vrai qu'un air si modeste joint à leur habillement, vous les auroit fait prendre plûtôt pour des Religieux que pour des Soldats, pour moi je vous avouë que j'y fus trompé; la premiere fois que je les vis, je crûs que c'étoit quelques Moines Turcs, ou quelques Préfets de Colléges; ces visites ne se faisoient pas sans interêt, aussi leur donnai-je quelques eskalins, & aussi-tôt après ils me saluoient & s'en alloient me prédisant des choses fort heureuses; de plus, j'avois toujours quelques Turcs à souper, que le vin plus que la bonne compagnie y attiroit; il suffit qu'ils ne soient pas dans l'usage d'en boire, pour en prendre jusqu'à l'excès quand ils en ont une fois gouté, de façon que mes conviés auroient volontiers passé la nuit à se porter des santés, mais quand cela commençoit à m'ennuyer, je sortois de table, & je me retirois seul dans ma chambre ; ceux qui n'étoient pas encore yvres, sortoient d'assez mauvaise humeur, mais je ne tardois guéres à voir entrer mon petit interprete, ces mécontens me le députoient pour me prier de leur faire donner du vin, & ces grands vases d'argent, ajoutoient-ils, dont ils s'étoient servis au souper, m'assurant qu'ils ne m'incommoderoient point, & qu'ils alloient se retirer dans un coin de la maison pour y passer le reste de la nuit à boire à ma santé. Vous conviendrez qu'il auroit fallu être de mauvaise humeur pour ne pas répondre aux désirs bachiques de mes Turcs, d'ailleurs je n'osois rien leur refuser. Ils buvoient donc ainsi jusqu'à ce que le sommeil de l'yvresse leur eût fermé les paupieres, pour lors ils s'étendoient sur le carreau, & s'endormoient.

Ceci vous étonnera sans doute, sçachant que c'est un grand crime pour les Turcs de boire du vin, sur-tout pour ceux qui sont d'un âge mur; mais voici ce qu'ils ont imaginé pour adoucir la sévérité de la Loi du grand Prophête. Si un jeune homme boit du vin, ce n'est pour lui qu'une faute légere, il trouvera son pardon dans la foiblesse de son âge;

si au contraire un homme d'un âge avancé en boit, & qu'il ait été assez heureux seulement pour en avoir gouté étant jeune, il peut s'enyvrer impunément tous les jours sans appréhender les supplices de l'autre monde, parce que la peine qu'il a à souffrir n'est que pour sa premiere faute, sans que les autres lui soient imputées. Vous direz sans doute que rien n'est plus ridicule que ce sentiment, quant à moi j'en pense différemment, mais suspendez votre jugement pour un instant: voici un trait de scrupule: j'ai vû à Constantinople un vieux Turc, tenant dans sa main une coupe pleine de vin, qui avant que de la boire se mit à faire des hurlemens affreux; je demandai à quelqu'un de ses amis ce qu'il disoit, ils me répondirent qu'il avertissoit son ame du crime qu'il alloit commettre, & afin qu'elle n'en fut point souillée, il la prioit de se retirer dans la plus petite partie de son corps, ou qu'elle le quittât totalement pour cet instant, décidez maintenant.

Mais je m'apperçois que je vous

entretiens trop long-tems fur (*a*) Bude, d'autant mieux que c'eſt une Lettre que je vous écris, & non pas un Livre, cependant il manqueroit quelque choſe à l'idée que je veux vous en donner, ſi je ne vous parlois pas de ſa ſituation qui eſt des plus agréables. Elle eſt bâtie ſur le dos d'une Montagne, au pied de laquelle paſſe le Danube ; d'un côté au-delà du Fleuve eſt un Pays mêlé de bois & de prairies, qui forment le plus beau payſage; de l'autre, derriere la montagne ſont des côteaux de vigne dans une belle expoſition, & toute la contrée eſt extrêmément fertile. Cette Ville a été autrefois la Capitale de la Hongrie, & ne ſoyez donc plus étonné ſi les Rois l'avoient choiſie pour faire leur réſidence. On y voit encore les Palais que ces Princes habitoient, mais qui ſont preſque tombés en ruine, ce qui reſte ne ſe ſoutient que par des appuis, & ſert de cazernes aux Soldats Turcs, qui

(*a*) Bude eſt la Ville la plus conſidérable de la Baſſe Hongrie. Soliman II. la prit en 1526. elle eſt reſtée ſous la domination des Turcs juſqu'en 1686. que l'Archiduc Mathias la reprit après un ſiége de deux mois & demi.

n'ayant qu'une paye suffisante pour vivre, n'y font faire aucunes réparations, aussi pourvû que leur lit soit à couvert de la pluye, & que leurs chevaux soient dans un lieu sec, ils se mettent peu en peine du reste, ils occupent seulement les rez-de-chaussée, & abandonnent les appartemens du haut aux rats & aux belettes.

Ceci me fait naître l'occasion de vous dire quelle est la façon de penser des Turcs sur les grands édifices & sur leur logement en particulier, ils croyent qu'il y a de la folie à bâtir une belle Maison. *Les hommes doivent sçavoir*, disent-ils, *que le monde n'est point leur derniere demeure, puisqu'ils y sont au contraire comme des etrangers en passant; de quelle grande utilité leur pourroient donc être de beaux Palais? ce seroit tout au plus pour montrer l'orgueil & la vanité de ceux qui les feroient bâtir. . . . pour nous nous regardons nos maisons comme les Voyageurs regardent les auberges qu'ils trouvent sur leurs routes, elles les garantissent du froid, de la pluie, des ardeurs du Soleil, elles les mettent en sûreté contre les poursuites des voleurs;*

c'eſt là toutes les commodités & les ſeuls agrémens que ces Voyageurs cherchent dans ces Maiſons, parce qu'ils ne doivent y reſter que très peu de tems, & qu'elles ne leur appartiennent pas, quant à nous, nous ne cherchons rien de plus dans celles que nous habitons. Cette opinion eſt ſi générale dans tous les Turcs, que vous auriez peine à en trouver un, quelque riche qu'il ſoit, qui faſſe bâtir autre choſe qu'une cabane ou une chaumiere, grande ou petite, ſelon que ſa famille eſt nombreuſe, & qu'il a beaucoup d'eſclaves : après cela vous ne feriez plus ſurpris de ne pas voir dans toute la Turquie ni grande Cour, ni beau Portique, rien enfin qui tienne de l'architecture ; mais en revanche les Turcs ſont magnifiques dans leurs Jardins & dans leurs bains. Les Hongrois ſont à peu près du même goût, ſi vous exceptez Bude & Pauſonium, vous ne trouverez dans toute la Hongrie aucun beau bâtiment, leur motif eſt grand, c'eſt une belle morale ; mais je crois que c'eſt plûtôt une coûtume dont les deux Nations ont hérité de leurs anciens, qui ignoroient l'art de bâtir une maiſon belle

& commode, ou qui étoient plus occupez du métier de la guerre que du soin d'embellir leurs Villes sur la possession desquelles ils ne comptoient jamais.

Je n'ai plus qu'un mot à vous dire de Bude, c'est une curiosité que j'ai vû avec plaisir. Au-delà de la porte par laquelle on passe pour aller à Constantinople, est une Fontaine dont l'eau bout à si grosses ondes, que vous n'imagineriez pas que l'on pût pêcher le poisson que l'on voit nager au fond sans être cuit. (*a*)

Enfin le Bacha revenu en santé, me fit dire le 7 Décembre que je pouvois me présenter. J'allai avec toute ma suite à son Audience, je lui offris les présens dont j'étois chargé pour lui, les accompagnant d'autant de caresses qu'il me fut possible, je lui fis ensuite mes plaintes des insul-

---

(*a*) Dans l'Histoire & la Description du Royaume de Hongrie, liv. 3. édit. 1688. il n'est parlé que de deux Fontaines, dont l'eau est si froide que l'on ne peut y tenir la main; il est dit aussi qu'il y a des Bains chauds, il semble que l'Historien ne parlant point de la Fontaine curieuse de Busbec, la confonde avec ces bains, & que l'un & l'autre soit la même chose.

tes & des vols que les Turcs avoient faits sur nos Hongrois, je lui demandai que ce qui avoit été pris aux particuliers & au Roy mon Maître, contre la foi des Traitez fût restitué, le priant de se souvenir qu'il avoit écrit à Ferdinand que tout seroit rendu, pourvû qu'il lui envoyat un Ambassadeur; je lui ajoutai qu'il devoit tenir sa parole avec d'autant plus de raison que les Hongrois n'avoient rien pris aux Turcs, & qu'il n'avoit que de très légeres plaintes à en faire. Voici ce qu'il me répondit.

Les injures & les vols dont vous me parlez sont très peu de chose, & j'ai pareilles plaintes à vous faire; quant aux Places que vous prétendez que je dois rendre, je vous réponds que je dois au contraire les garder, par l'une de ces deux raisons, car ou je n'ai pas promis de les rendre, & pour lors vous n'avez nul droit à les répeter, ou si j'ai promis, vous devez sentir que ce n'étoit pas avec le dessein de tenir ma parole, parce que je ne le peux pas, & que je ne le dois pas. Le Sultan ne m'a pas donné le pouvoir de diminuer son Empire, c'est le soin au contraire de l'agrandir qu'il m'a confié; ne soyez pas surpris de ma réponse, je serois plus facile si c'étoit mes interêts particuliers que je discutasse avec vous, mais ce sont ceux de mon Maître, je dois les defendre avec plus de force que les miens. Vous allez vers le Sultan, faites-lui valoir vos droits, demandez-lui ce que vous me demandez, il est le Maître de tout vous accorder. Le Bacha termina ce discours bref & laconique, en me disant que comme il n'étoit que convalescent, je devois appréhender de lui devenir incommode par une dispute & des répliques qui l'ennuyeroient sans le faire changer de sentiment. Ceci me parut être un Arrêt définitif, je me retirai aussi-tôt, bien fâché de n'avoir pû réussir dans ma négociation ; je renouvellai seulement avec ce Bacha la tréve, suivans les ordres qu'il en avoit reçû de Soliman.

Lorsque je fus introduit à son Audience, je remarquai que cette ancienne coûtume des Romains de faire des acclamations & des souhaits heureux, étoit en usage chez les Turcs ; ils ont encore une façon de penser singuliére sur les places de préséance, la gauche est celle qu'ils donnent comme la premiere, parce qu'ils s'imaginent que le cimeterre qu'ils portent de ce côté-là, le rend plus noble que le côté droit, & le Turc qui donne ainſi ſa gauche eſt très attentif à mettre ſon cimeterre preſ- que ſous la main de celui à côté de qui il eſt, comme s'il vouloit l'en rendre maître en lui laiſſant le ſien libre.

Ayant donc fait tout ce qui étoit en mon pouvoir auprès du Bacha de Bude, je renvoyai Palinohi au Roy, & je m'embarquai avec toute ma ſuite ſur le Danube pour aller à Belgrade. Cette voie m'a paru la plus sûre & la plus commode, je n'aurois pû faire ce voyage par terre dans douze jours, les chemins étoient très mauvais, & j'aurois encore couru riſque d'être pillé par ces eſpeces de brigands que les Hongrois appellent *Heydons*, par-là j'étois sûr de les éviter, parce qu'ils ne piratent point ; d'ailleurs le trajet n'eſt que de cinq jours, j'eſ- perois même qu'il ſeroit de moins de tems, ayant ſur notre Vaiſſeau 24. rameurs, & étant outre cela remor- qué d'une Galere qui alloit à force de voiles, la nuit comme le jour on manœuvroit, les Matelots avoient à peine le tems de boire, de manger, & de se reposer un peu de ce travail continuel. Ce fut dans ce voyage où je remarquai le plus combien les Turcs sont téméraires : figurez-vous que pendant tout ce voyage le tems fut couvert, la lune n'éclairoit point, & il faisoit de tems à autre des ouragans affreux ; malgré cela la manœuvre se faisoit toujours, aussi le Vaisseau étoit souvent jetté sur les bords avec tant de force que rencontrant des grosses pierres ou de gros troncs d'arbres, il sembloit que la proue se brisoit en mille piéces ; il s'en détachoit cependant quelques planches, ce bruit m'éveillant, je sortois de mon lit pour aller prier les matelots de baisser les voiles ou de jetter l'ancre, leur représentant le danger dans lequel nous étions ; mais rien ne les intimidoit, & ils ne me répondoient autre chose qu'*Alauré, Alauré*, c'est-à-dire ne craignez rien, Dieu est avec nous, avec cela je retournois me coucher, & j'essayois de me rendormir, toujours dans la crainte d'un naufrage qui me paroissoit inévitable.

Nous vîmes sur notre route la Ville

de Tolna (a) l'une des plus belles de la Hongrie, c'est une merveille en tout, nous en faisons grand cas, ses habitans sont d'une politesse & d'une douceur extrême, & le vin blanc que l'on cueille sur les côtaux est admirable. Nous vîmes encore de ce même côté une Citadelle bâtie sur le sommet d'une montagne, plusieurs Forteresses, & quantité de Châteaux. De l'autre est la riviere de Drare (b) & la Teisse qui vont se décharger dans le Danube.

Enfin malgré tous mes sinistres augures, nous arrivâmes heureusement à Belgrade, (c'est sous ses murs que la Sare se joint au Danube) à quelques milles avant d'entrer dans le Port, on voit les ruines d'une ancienne Ville bâtie sur un promontoire, il paroît qu'elle étoit fortifiée d'un double mur, & de plusieurs Tours, sa situation est entre la Sare & le Danube qui forment un angle du côté qu'elle commandoit sur le

(a) Cette Ville est connue aussi sous le nom de Solna.

(b) Cette riviere traverse la haute Hongrie. Ptolomée l'appelle Tybiscus, & Hérodote Tibesis.

continent, on voit encore des restes d'une Citadelle flanquée de plusieurs Tours très élevées qui étoient bâties en pierres de taille ; au-dessous de la montagne, en arrivant à Belgrade, il y a un Fauxbourg très considérable qui est habité des Turcs, des Grecs, des Juifs, des Hongrois, & de plusieurs autres Nations, ce Faubourg est comme ceux de presque toutes les Villes de la Turquie, c'est-à-dire plus grand que les Villes mêmes, & qui n'en étant point séparés, font que de loin elles paroissent plus considérables qu'elles ne sont effectivement.

La premiere chose que je vis en arrivant fut des Médailles fort anciennes ; je crois qu'il est inutile que je vous dise le plaisir qu'elles me firent, ainsi qu'à mon Médecin, vous sçavez combien nous en sommes curieux. On nous montra encore beaucoup de ces piéces d'argent que les Romains firent frapper pendant les quartiers d'hyver qu'ils passerent dans la Mésie (*a*) sur l'un des côtés est un

---

(*a*) La Mésie est une grande région qui étoit anciennement de l'Illirie, & qui jointe avec la Bulgarie ne faisoient toutes deux

Soldat entre un cheval & un taureau, avec cette inscription, *Taurunum*.

Bellegrade est une belle Ville, & bien fortifiée, depuis l'établissement de l'Empire Otthoman, elle a toujours excité la cupidité des Turcs; Amurat en a fait le premier le siége, mais inutilement, (*a*) Mahomet II. le fit aussi sans avoir un succès plus heureux; les Hongrois se sentant trop foibles pour lors pour la défendre, appellerent à leur secours les Chrétiens qui s'étoient croisés, ces alliez repousserent avec tant de courage

qu'une seule Province. Les Mésiens furent subjugués par les Romains qui changerent le nom de leur Pays, & l'appellerent *le Grenier de Cérès*, sans doute à cause de sa fertilité; Sémandrie avant sa ruine en étoit la Capitale, c'est aujourd'hui Belgrade, que quelques Auteurs appellent *Ala Græca*, & d'autres *Taurunum*.

(*a*) Mahomet II. surnommé par les Turcs *Bojuc*, c'est-à-dire le Grand, naquit à Andrinople l'an 1430. il succéda à son pere Amurat II. en 1451. il fut la terreur de l'Europe, il ne cessa de faire la guerre aux Grecs, il les suivit jusques dans Constantinople leur Ville Capitale, dont il les chassa après leur avoir fait souffrir une famine de 15. jours, depuis ce tems les Empereurs Ottomans ont fait Constantinople la Capitale de leur Empire.

les Turcs, qu'ils furent obligez de lever le siége ; mais Soliman II. en 1520. au commencement de son regne est venu l'attaquer avec une armée si nombreuse, & dans un tems si critique qu'elle a été forcée de se rendre ; le Roy (*a*) Louis étoit pour lors très jeune, téméraire, & sans expérience, le dedans du Royaume plein de trouble, & tous les Grands révoltez. (*b*)

C'est la prise de Belgrade qui a donné naissance à cette multitude de maux qui nous sont arrivez depuis si peu de tems, & sous le poids desquels nous gémissons encore. C'est-là cette funeste porte par laquelle ces

(*a*) Louis II. dit le jeune, Roy de Hongrie & de Boheme, fils de Ladislas VI. & d'Anne de Foix succéda à son pere l'an 1516. pour lors âgé de 12. ans. Soliman II. gagna sur lui la célébre Bataille de Mohast l'an 1526. dans laquelle ce jeune Prince perdit la vie, il avoit épousé l'an 1521. Marie d'Autriche, & avoit marié sa sœur Anne à Ferdinand I. Roy des Romains, & depuis Empereur.

(*b*) Belgrade est restée sous la puissance du Turc jusqu'en 1687. l'année suivante les Chrétiens en furent chassez, & les Turcs la reprirent, enfin l'an 1717. l'Empereur l'assiégea & la prit.

barbares sont entrez pour ravager la Hongrie, c'est ce qui a occasionné la mort du Roy Louis, ensuite la perte de Bude, l'aliénation de la Transilvanie, si enfin les Turcs n'eussent pas pris Belgrade, jamais ils ne seroient entrez en Hongrie, & ce Royaume qu'ils ont désolé seroit comme auparavant l'un des plus florissans de l'Europe. Est-ce donc sans raison si les Nations voisines appréhendent pour eux de semblables malheurs? les Princes Chrétiens ne peuvent avoir d'exemple plus sensible, celui-ci doit les faire tenir toujours en garde contre un ennemi si puissant, ils doivent sçavoir que s'ils veulent garantir leurs Etats de ses irruptions, il faut qu'ils ayent la derniere attention à examiner ses démarches, & sur-tout à bien fortifier leurs Villes frontiéres. Les Turcs doivent être comparés à ces grands fleuves qui renversent les digues & les levées, lorsqu'ils débordent, ils se répandent dans la plaine, avant le tems ils moissonnent par-tout, ils font ravage, les Turcs en font autant, encore cette comparaison leur est-elle bien inférieure, les fleuves rentrent dans leurs lits, mais dès que les Turcs ont franchis une barriere, ils s'avancent toujours, laissant par-tout après eux des marques de leur fureur. Mais revenons à Belgrade, mes réfléxions me conduiroient trop loin, je ne m'arrêtai dans cette Ville que le tems nécessaire pour faire ajuster mes Equipages, afin de continuer ma route par terre, & je pris en droiture le chemin de Constantinople, je passai par Nissa, laissant à ma gauche Sémandrie qui est bâtie sur le bord du Danube, cette Ville étoit autrefois la Capitale de la (a) Servie, & la demeure des Despotes. Les Turcs qui m'accompagnoient, me montrerent les montagnes de Transilvanie fort éloignées de nous, qui étoient toutes couvertes de neiges ; ils me firent encore appercevoir les ruines du Pont que l'Empereur Trajan avoit fait bâtir vis-à-vis de ces montagnes sur le Danube.

(a) La Servie est un Pays fort étendu, elle a au couchant la Croatie, au midi la Mer Adriatique, l'Albanie & la Macedoine, le Danube au Septentrion, & la Moravie au Levant ; les Princes qui gouvernoient ce Pays s'appelloient *Despotes*.

Je passai (*a*) la Morava avant d'arriver à (*b*) Jogodna ; comme je restai quelques heures dans cet endroit, j'eus le tems d'y voir les obseques que l'on y faisoit d'un particulier ; leurs cérémonies sont singulieres, & totalement différentes des nôtres. (*c*) Les Prêtres, comme chez nous, présidoient à la pompe funébre, le mort

(*a*) La Morava, que quelques Auteurs appellent le Moschius, est la principale riviere de la Servie, elle tire sa source des montagnes, & se divise en deux branches, dont l'une s'appelle Morava, dit Bulgaria, & l'autre Morava dit Servia, s'étant réunie ensuite, elle va se décharger à Zurdevin dans le Danube, elle facilite le commerce des Marchands de cette Ville avec ceux de toute la Servie & de la Bulgarie.

Ce fut sur les bords de cette riviere que Jean Corvin Huniade, Vayvode de Transilvanie, & Général des Armées de Ladislas Roy de Hongrie, fit un si grand carnage des Turcs sous Amurat en 1443. ce grand Capitaine seulement avec dix mille hommes de Cavalerie, alla attaquer à la faveur de la lune les ennemis, il en tailla trente mille en piéces, & en fit quatre mille prisonniers. *Bruv. Voyag. de Vien. Thurosius in chron. Hung.*

(*b*) Jogodna est située près de la Morava, c'étoit autrefois une Ville de la Turquie en Europe ; ce n'est plus aujourd'hui qu'un Hameau.

(*c*) Ils sont Grecs.

étoit dans l'Eglife, affis fur des tréteaux avec le vifage découvert; d'un côté on lui avoit fervi une table fur laquelle il y avoit plufieurs mets, avec une grande cruche pleine de vin; de l'autre côté étoient fa femme & fa fille; celle-ci parée de fes plus beaux ajuftemens ayant un bonnet fait de plume de paon, la mere étoit nue tête, elle venoit d'offrir le fien à fon mari, comme le dernier & le plus beau préfent qu'elle pût lui faire; ce bonnet étoit de couleur de pourpre, ainfi que les filles diftinguées du pays ont accoûtumé de les porter; au tour du cadavre fe tenoient plufieurs gens qui fembloient être payez pour pleurer, les uns faifoient de grands cris & fe lamentoient, d'autres d'un ton lugubre chantoient les louanges du défunt, pendant que ceux-ci fe repofoient & effuyoient leurs larmes, la mere & la fille continuoient la fcêne tragique par de grands foupirs, entrecoupés de queftions qu'elles faifoient au héros de la piéce : *que vous avons-nous fait, lui difoient-elles, pour que vous vous fepariez de nous ? quel fujet de plaintes avez-vous contre nous? votre fille & moi vous avons-nous* manqué dans ce que nous vous devons l'une & l'autre ? ne mettions-nous pas tous nos foins à vous donner de la confolation ? ah ! eft-il de cruauté, de barbarie pareille à la vôtre ? nous voilà feules fans appui, depourvûes de tout fecours, & vous n'avez point été fenfible à la rigueur d'un tel fort. ... elles lui faifoient mille autres reproches de cette efpece, comme fi ce pauvre homme fe fût laiffé mourir pour fe venger d'elles.

Enfin quand les larmes furent épuifées, & que ces femmes n'eurent plus rien à dire, on porta le corps dans le Cimetiére pour l'y enterrer ; je vis à côté du tombeau qui lui étoit préparé plufieurs figures de biches avec leur faons peintes fur de la toile qui étoient attachées au bout de grandes perches, ceci me parut plus comique que ce que j'avois encore vû, j'en demandai la raifon, on me dit que ces animaux étant le fymbole de la vîteffe & de la promptitude, les peres & les maris avoient ordonné que leurs femmes & leurs enfans les porteroient devant eux à leurs obféques, pour montrer même après leur mort celles qu'ils avoient à leur obéir. ...

Je vis encore des poignées de cheveux attachées à quelques autres tombeaux, on me dit que c'étoit des épouses ou des filles qui les y avoient mis pour marque certaine de leur tristesse & de leur douleur.

Ces coûtumes me parurent si extraordinaires que j'imaginai qu'elles n'étoient pas les seules, je priai qu'on me dit ce que l'on pratiquoit dans les mariages, on me répondit que quand quelqu'un de distingué dans le pays se marioit, quelques Couriers aussitôt après la célébration du mariage enlevoient la nouvelle épouse, qui ne manquoit jamais de faire résistance, & la portoient coucher avec son époux : on m'ajouta que cette résistance étoit toujours feinte, & qu'elle n'étoit comme ailleurs que pour effacer le préjugé de l'indécence qu'il y auroit si une jeune fille alloit d'elle-même pour une premiere fois se livrer à un homme.

Voilà tout ce que j'appris des coûtumes de ce pays ; l'après dîné nous partimes de Jogodna pour aller coucher à Nissa ; à une petite distance de de cette Ville passe une riviere que les Habitans appellent Nyssus. Nous la cottoyames jusqu'à Nysse; je vis au-dessus du rivage dans un endroit où il paroît encore quelques traces du vieux chemin qui conduisoit à Rome, une petite colomne de marbre, mais tellement mutilée qu'il ne me fut pas possible d'y lire une inscription qui y étoit en caracteres latins.

Nous arrivâmes de bonne heure à Nysse, cette Ville est fort agréable, elle est petite, mais la plus peuplée du pays, & celle dans laquelle il y a plus de commerce.

Je me persuade vous entendre dire qu'il manque quelque chose à la relation exacte que je vous ai promis, mais attendez, voici l'occasion de vous satisfaire, il ne me reste que de vous parler des Auberges que je rencontrai sur ma route, je vais vous en faire une ample description. Elles sont en grand nombre dans toute la Turquie, tout le monde y est reçû comme les pauvres le sont dans nos Hôpitaux, elles s'appellent (a) *Cans*,

---

(a) Les Cans, ou Caravanseras, sont à peu près bâtis comme les Colléges de Paris, ils sont tous fondés, & ceux qui les tiennent sont obligés de loger les Etrangers, qui y demeurent autant de tems qu'il leur plaît, en

leurs bâtimens sont très vastes, plus longs que larges, & elles ont toutes de grandes Cours, dans lesquels on met les chevaux, les chameaux, les carrosses, enfin tous les équipages; dans cette même Cour est une grande espace qui est enfermée d'un mur haut de quatre pieds, c'est là les Chambres des Etrangers, la Salle à manger, la Cuisine, la Garde-Robe, c'est tout; l'épaisseur de ce mur fait toute la séparation de ce bel appartement d'avec l'Ecurie, & comme c'est aux pieds du mur que l'on attache les Chevaux & les Chameaux, ils semblent quand ils levent la tête, tenir la place des domestiques & des laquais qui devoient être derriere leur maître lorsqu'ils sont à table ou auprès du feu ; j'ai même vû que les Chameaux allongeans leur col au-delà du mur retiroient des mains le pain ou les pommes que l'on portoit à la bouche pendant qu'on étoit à table, on ignore dans ces Hôtelleries l'usage des lits ; lorsque les Turcs veulent dormir, ils mettent sur le

donnant deux aspres par jour pour leur nourriture & pour le logement.

pavé un tapis qu'ils portent avec eux pour cet effet, fur lequel ils étendent leurs manteaux, pour chevet ils ont la felle de leurs chevaux, & cette grande cafaque fourée qui leur fert le jour de robe de chambre, leur fert la nuit de couverture ; c'eſt ainſi qu'ils dorment fans craindre que la moleffe de leur couché trouble leur fommeil par des fonges trop voluptueux ; je vous avoue que j'avois peine à m'accoutumer à cette eſpece de logement, eſt-il quelque choſe de plus ſingulier & de plus incommode ? ces Turcs ne ceſſoient d'avoir les yeux attachés fur nous, ils s'appercevoient à chaque inſtant des éclats de rire que nous faiſions, & nos façons de vivre leur paroiſſoient ſi admirables qu'ils étoient toujours comme en extaſe, ce qui faiſoit que je cherchois avec foin à me loger chez quelques pauvres Chrétiens, quoique j'y fuſſe plus étroitement ; leurs Maiſons ou Cabanes ſont ſi petites que ſouvent je n'y pouvois faire placer mon lit, dans ce cas on me dreſſoit ma tente, & je paſſois la nuit deſſous, ſouvent je couchois tout habillé dans mon Carroſſe, quelquefois j'allois loger à l'Hôpital, là j'étois plus à mon aise, les Hôpitaux en Turquie sont très-bien bâtis, fort commodes, ils ont des Chambres particulieres, & tout le monde y est reçû également, soit Juif, soit Chrétien, soit pauvre ou riche, les Turcs n'ont pas comme nous sur cet article des préjugés de vanité & de répugnance; lorsqu'un Bacha ou un Sangiac fait un long voyage, ils ne se fait nulle peine d'aller loger à l'Hôpital.

Enfin comparant ces Hôpitaux avec cette espece d'Auberge dont je vous ai parlé, ceux-là semblent être la demeure d'un Roy; je crus la premiere fois que j'entrai dans un, que l'on me prenoit pour le grand Visir, par les honneurs que l'on me rendit; la coûtume est qu'aussi-tôt qu'il y arrive un Etranger, on lui présente à manger; à peine fus-je entré dans ma chambre, que je vis paroître un Esclave tenant d'une main un grand plat, & de l'autre une serviette; c'étoit un mets singulier, le fond du plat étoit rempli de crême faite avec de l'orge & de la viande hachée; sur les bords étoient des petits pains avec quelques rayons de miel, je vous avoue qu'en voyant la premiere fois ce ragout le cœur me fit mal, je priai l'Esclave de vouloir bien le remporter, l'assurant qu'il me feroit plaisir de le donner à quelque pauvre de l'Hôpital, & que mes gens me prépareroient mon souper, sans qu'il en prit la peine; l'Esclave me pressa d'accepter, moi je continuai à me défendre, & voyant que j'étois constant à le refuser, il s'imagina que ce n'étoit que parce que je trouvois qu'il y en avoit trop peu, il me dit d'un ton aigre que cependant on me traitoit en Bacha, que l'usage étoit de ne les pas servir en plus grande quantité, que pour l'ordinaire ils ne mangeoient pas tout, & qu'on distribuoit les restes aux pauvres ; il m'ajouta que si je ne voulois pas en cela suivre l'usage, j'étois le maître de donner le tout à mes domestiques ; enfin pour ne pas paroître trop difficile, je fus contraint d'accepter le plat, j'en goutai un peu en présence de l'Esclave, & je lui rendis de très-humbles graces ; je conviens que ce ragout n'étoit pas si mauvais que je l'avois d'abord imaginé, & quoique

(a) Galien dife que c'eſt plus un remede qu'un mets ordinaire, je n'y trouvai rien qui répugne au bon goût.

Ces Hôpitaux, comme je viens de vous dire, font ouverts à tous les Voyageurs, & il leur eſt libre d'y demeurer pendant trois jours fans rien payer, pendant ce tems on leur fert à dîner & à fouper cet efpece de ragoût, & toujours en même quantité, j'aurois défiré trouver par-tout où j'étois obligé de coucher de ces Hôpitaux, mais il n'y en a pas dans toutes les Villes, ainfi dans celles où je n'en trouvois point, je faifois chercher l'écurie la plus grande, & je m'y logeois; les Ecuries dans ce pays font tellement conſtruites, qu'elles fervent en même tems au bétail & aux hommes, les uns & les autres vivent enfemble fous le même toît; pour mon appartement, qui étoit en même tems la cuifine, ma chambre, mon anti-chambre, & le chauffoir commun, je prenois l'endroit que les Bergers occupent, & je faifois avec

(*) Galien étoit natif de Pergame, il fleuriffoit fous le regne de l'Empereur Trajan.

ma tente un mur de séparation d'avec l'appartement des Moutons & des Chameaux ; dans celui-ci il y avoit de bonne paille & en quantité, c'étoit-là où logeoient mes gens, pour moi je vous avoue que quoique je vous paroisse avoir été très-mal, je me trouvois plus heureux que le Sophi de Perse, lorsque j'étois à table ou dans mon lit, plusieurs de mes domestiques passoient la nuit où j'étois couché, & dormoient auprès du feu, quelquefois pour faire la digestion ils alloient après soupé se promener dans le jardin, & comme il faisoit grand froid, pensez combien ils apportoient d'attention pour que le feu ne s'éteignit point, le soin des Vestales qui gardoient à Rome le feu sacré, n'étoit pas plus grand que le leur.

Vous êtes inquiet sans doute de sçavoir de quel moyen je me servois pour dédommager un peu mes domestiques de tant d'incommodités, ne pensez pas que ce fut autre chose qu'avec du vin, c'étoit là le vrai remède ; avec lui les nuits les plus dures ne leur donnoient ni ennuis ni inquiétudes, & heureusement j'en avois fait avant de partir une bonne provision; je sçavois que l'on en trouve peu dans la Turquie, & que dans les Villes où il n'y a point de Chrétiens, on n'y en trouve point du tout; vous observerez qu'il y a beaucoup de Villes dans lesquelles il n'habite pas un seul Chrétien; les Turcs les persécutent avec tant de cruauté qu'ils sont obligez de s'en retirer, souvent même d'abandonner les campagnes si elles sont fertiles, pour lors ils fuient dans des lieux écartez, presque inaccessibles, & tout-à-fait stériles, mais là ils sont en sûreté; ainsi en Turquie comme ailleurs, les plus foibles cedent toujours aux plus forts.

Les Turcs cependant voyant combien le vin nous étoit utile, nous avertissoient des endroits où nous n'en trouverions point, ce qui me faisoit prendre la précaution d'envoyer mon Intendant accompagné d'un Turc pour en chercher chez les Chrétiens dans les Villages les plus proches: quel soin! direz-vous? mais il étoit nécessaire que je le pris, puisque le vin étoit la seule chose qui pût soutenir mes misérables domestiques dans les fatigues d'un voyage si long & si incommode, ils trouvoient dans le vin la bonne chere & le repos qui l'un & l'autre leur manquoient, enfin le vin leur tenoit lieu de lit, après qu'ils en avoient bien bû, ils dormoient assis, comme s'ils eussent été couchez sur les matelats les plus molets; quant à moi, j'en avois toujours dans le coffre de mon Carrosse mes cantines remplies, & du meilleur.

La disette de vin n'étoit pas la seule incommodité que nous avions dans notre voyage, celle-ci étoit plus grande encore, on ne nous laissoit dormir que très-peu de tems, nous nous levions de grand matin, & on avoit soin de nous éveiller avant qu'il fut jour, afin, disoient nos conducteurs, que nous arrivassions de bonne heure dans l'endroit où nous devions coucher, de-là ces Turcs trompez souvent par la clarté que donnoit la lune, se mettoient à faire un bruit épouvantable, & nous faisoient lever au milieu de la nuit, ils ne mesurent point le tems par heures ni minutes, non plus que la distance d'un lieu à un autre par milles, ou par lieue ; ils ont un (*a*) Talisman qui leur sert d'Horloge & de Boussole, rien n'est plus commun en Turquie que ces sortes de Cadrans mistiques, tous ceux qui font l'Office de Sacristains dans les Mosquées, (on les appelle Muazzins) en ont un, c'est avec quoi ils connoissent le lever de l'aurore ; pour lors ces Muazzins montent sur une Tour très-élevée, & qui est seulement destinée à cet usage, & annoncent à haute voix aux Fideles Croyans que l'heure de prier est arrivée ; ils en font autant vers les neuf heures du matin, autant à trois heures après midi, & lorsque le Soleil est prêt à se coucher pareille cérémonie ; mais ils élevent la voix si haut cette derniere fois, qu'ils se font

(*a*) Talisman ou Muthalsans, on appelle ainsi certaines figures gravées sur des pierres ou sur des métaux ; il y a des Talismans de trois especes, d'*Astronomiques*, *de Magiques*, & *de Mixtes* ; les Astronomiques sont ceux sur lesquels sont gravez des signes célestes & des constellations avec d'autres figures, & quelques caracteres inintelligibles ; c'est de ceux-là dont parle Busbek ; plusieurs croyent qu'Apollonius de Tyanne est l'Auteur de la science des Talismans. Voyez le Livre Anonime intitulé : *Les Talismans justifiez*.

entendre de très loin. Ainsi les Turcs divisent leurs jours en quatre parties, dont les différentes saisons réglent les grandeurs, de façon que la longueur des nuits est toujours indéterminée. Ceux donc qui étoient avec nous, prenans la Lune pour le Soleil, quoique nous en fussions encore très éloignées, nous avertissoient de plier bagage, sur l'heure nous nous levions afin de ne les point faire attendre, de peur que s'il arrivoit quelque malheur dans le chemin, ils ne l'imputassent à notre peu de vigilance; on chargeoit promptement les Charrettes, moi-même je pliois mon lit & ma tente pendant que d'autres atteloient les chevaux, dans un instant tout étoit prêt à partir, mais au moment dans lequel nous attendions le signal de la marche, nos Turcs s'appercevans de leur erreur retournoient se coucher & se rendormoient, quelquefois ennuyé de les attendre, je leur envoyois dire que nous étions prêts; quelle étoit ma surprise ? elle égaloit mon chagrin, mes députés m'apportoient pour toute réponse que nous avions eu une fausse allarme, & que nos conducteurs s'étoient repliés dans leurs tapis, & qu'ils se rendormoient, mais que poliment ils les avoient priez de me dire que la Lune les avoit trompez, que nous étions encore bien éloignez du tems dans lequel il faudroit partir, & qu'ils me conseilloient de faire comme eux.

Vous concevez sans doute combien des méprises de cette espece sont disgracieuses ; quel parti prendre alors, ou il falloit décharger nos Charrettes, déplier nos lits, tendre de nouveau ma tente, ou me résoudre à passer une grande partie de la nuit exposé au grand air, & souffrir beaucoup de froid : je vous avouë qu'à la fin ce jeu me déplût, je résolus bien sérieusement d'y remédier, pour cela je commençai par défendre à nos Turcs de nous éveiller à l'avenir, les assurant que moi-même je prendrois ce soin, pourvû que le jour précédent ils m'avertissent de l'heure à laquelle ils voudroient partir le lendemain, qu'ils pouvoient dormir en repos sur ma parole, que je me chargeois de tous les évenemens, & que j'avois une montre plus sûre que leurs Talismans, qu'elle ne me tromperoit pas ; ils consentirent à tout ce que je voulus, par crainte ou par complaisance, mais je ne pus calmer leur inquiétude; ils venoient de grand matin éveiller mon Valet-de-Chambre, le priant de venir me demander quelle heure il étoit, pour les satisfaire il y venoit, & je lui disois à peu près combien nous étions proches ou éloignez du lever du soleil, dans l'instant il alloit leur rendre réponse, & nos Turcs après avoir vû deux ou trois fois que notre calcul étoit juste, s'en rapporterent à nous pour le reste de la route, ne cessant d'admirer la fidélité de ma montre; ce fut-là le seul moyen que je pus trouver pour procurer à mes gens & à moi un peu de repos.

De Nysse nous allâmes à (*a*) Sophie, nous eûmes pendant ce voyage

---

(*a*) Sophie est située vers le Mont Emus, c'est une Ville bien peuplée, & dans laquelle il y a toujours beaucoup d'Etrangers; elle étoit autrefois la Capitale de la Bulgarie; les Despotes de Servie y firent ensuite leur demeure, & depuis que ceux-ci ont été défaits par les Turcs, elle a toujours été la demeure du Bacha de la Turquie en Europe. L'Empereur Justinien l'a fondée, & lui a donné le nom de *Triadizza*, qu'elle a gardé pendant longtems.

un tems assez beau pour la saison, nous traversâmes les Vallées de Bulgarie que les Habitans du pays appellent *les Fuyardes*, ce nom ne leur est donné sans doute que parce qu'étant très-fertiles & fort agréables, elles ressemblent à ces plaisirs vifs qui ne durent qu'un instant.

Pendant plusieurs jours que nous mîmes à les passer, nous ne mangeâmes que du pain cuit sous la cendre; ce sont des femmes qui le vendent, (*a*) dès qu'elles apprennent l'arrivée d'un Etranger avec lequel elles prévoyent faire quelque gain, elles se mettent aussi-tôt à mêler de la farine avec de l'eau, sans y mettre de levain, & font des petits pains; à peine les ont-elles retirez de dessous la cendre qu'elles les apportent, & les vendent un prix médiocre; tout est dans ce pays à très-grand marché, un mouton ne coûte que trente-cinq (*b*) aspres, les poulets & les poules un aspre la piéce.

(*a*) Il n'y a point dans ce pays de Boulangers, ni de Patissiers.

(*b*) L'aspre est une petite piéce d'argent, qui vaut monnoye de France 6 ou 8 deniers.

Je prévois que ceci vous interesse moins à sçavoir que ce que je vais vous dire, l'un vous est inutile, parce que je ne vous crois pas dans le goût de venir profiter du bas prix des denrées de ce pays, l'autre au contraire quoiqu'éloigné, vous récréera par sa singularité, c'est l'habillement de ces Marchandes de pain dont je vais vous faire le portrait; elles ne font couvertes depuis le col jusqu'aux talons que d'une chemise, dont la toile est aussi grosse qu'est celle avec laquelle nos sacs sont faits; ces chemises sont décorées de plusieurs figures de différentes couleurs, travaillées à l'éguille, mais d'une façon tout-à-fait risible; cet ajustement paroit cependant à ces femmes si magnifique qu'elles ne cessent de s'admirer quand elles en sont revêtuës; celles-ci étoient étonnées, disoient-elles, voyant la finesse de la toile dont les nôtres sont faites, de ce que nous les portions simples, toutes unies, & sans des agrémens pareilles, elles nous prenoient pour des gens très modestes, ou d'un mauvais goût, mais rien ne me parut plus extraordinaire que ce qu'elles portent sur la tête, on ne sçauroit l'appeller un bonnet, c'est fait en forme d'une Tour, bien différent de la coëffure de nos Paysanes, enfin je ne puis y donner de nom, n'ayant rien vû dans le monde de si grotesque; cette machine est faite de toile, dans laquelle est entrelassée de la grande paille; pour que je puisse vous en faire une éxacte description, vû l'ampleur de sa matiere, il est nécessaire que j'en traite en détail; d'abord elle a une partie qui descend sur les épaules, & qui en formant une espece de monticule les couvre entiérement, le reste pend en bas, & se termine en pointe; l'autre partie s'éleve sur la tête, & forme une toupie jusqu'aux trois quarts de sa hauteur, le quart restant continue à monter vers le Ciel, & devient extrêmément large, ayant la figure d'un grand plat très profond, ceci est pour garantir de la pluie & du soleil, quoique fait d'une façon toute opposée aux parasols qui nous servent à cet usage; ce grand espace qui se trouve depuis le front jusqu'où commence cet espece de réservoir, est enrichi de petites piéces d'argent, de plusieurs petites images,

ges, de quelques morceaux de verre de différentes couleurs; ces femmes mettent dans ce bifarre ornement tout leur soin & leur faste, elles le garnissent de tout ce qu'elles trouvent qui reluit, quoique d'un prix bien vile, n'importe, elles le croyent très magnifique; comme ces casques sauvages exhauffent ces femmes, & qu'ils font d'un trop grand volume pour être bien stables sur leurs têtes, vous seriez étonné de la gravité avec laquelle elles marchent, leur fierté égale la crainte qu'elles ont de laisser tomber la machine, & de voir brifer les bijoux qui y font appliquez, vous diriez lorsqu'elles entrent dans une chambre que c'est (*a*) Clytemnestre,

───────

(*a*) Clytemnestre étoit fille de Leda, elle époufa Agamemnon, Roy de Mycene, & chef des Princes Grecs, qui firent le siége de Troye, elle eût de son mari (à qui on dit qu'elle ne fût pas toujours fidelle) trois filles, Iphigénie, Electre, Chrifis, & un fils nommé Orefte, elle fit assaffiner Agamemnon, mais Orefte vengea la mort de son pere, en tuant de fa main l'Affaffin & fa mere.

C'est parce que Clymnestre étoit belle, d'un port majestueux, & pleine de fierté, que Busbec en fait la comparaison avec ces Bulgariennes.

ou (*a*) Hécube qui paroissent sur la scène.

Je fis à l'occasion de ces femmes des réfléxions bien férieuses sur l'inutilité & la vanité de ces grands titres de Noblesse dont tant de gens font un si grand cas. J'en vis quelqu'unes d'une figure assez gentille, à qui je demandai quelle étoit leur origine. Les unes me dirent qu'elles descendoient de (*b*) Satrapes & d'autres de famille Royale ; toutes cependant se trouvoient confondues dans la plus vile populace, mariées à des Bouviers. Ce n'est pas dans ce feul endroit de la Turquie que j'ai vû d'autres descendans de quelques Empereurs vivre d'une façon plus abjecte & plus

---

(*a*) Hécube fille de Dymas, Roy de Thrace, épousa Priam Roy de Troye, après la prise de cette Ville elle échût par le fort à Ulisse dont elle fût esclave ; cette bonne Reine avoit tellement le défaut qu'on reproche aux personnes de son sexe, que les Poëtes ont feint qu'elle avoit été métamorphosée en chienne, c'est avant qu'elle fût dans les fers, lorsqu'elle faisoit au contraire l'ornement le plus brillant de sa Cour, à laquelle Busbec dit que les Bulgariennes ressembloient.

(*b*) Satrapes est le nom que les Perses donnoient aux Gouverneurs de Provinces. Les Gouvernemens s'appelloient *Satrapies*.

misérable que ne vécut autrefois (*a*) Denis à Corinthe. La Noblesse n'y est point distinguée du peuple, tous naissent Esclaves, excepté la seule Maison Impériale.

(*a*) Denis II. dit le jeune, Tyran de Siracuse, après la mort de son pere, s'empara du Thrône qui étoit électif l'an de Rome 386. Les premiers jours de son regne furent doux & pacifiques, mais aussi-tôt qu'il se crût bien affermi, il exerça des cruautés inouïes, ses freres furent les premiers immolez à sa fureur sanguinaire ; les Siracusiens l'ayant chassé, il se retira à Locres, Ville d'Italie, où il fût reçû avec bonté, ce fut un serpent que les Locriens réchaufferent dans leur sein, à peine lui eurent-ils donné quelques marques de confiance, qu'il en abusa pour les tyranniser ; il en fit égorger plusieurs, lui-même en massacra, & abusa de leurs femmes, il en fut bien-tôt chassé, Siracuse le revit encore paroître, il fit de si belles promesses au peuple qu'il se rétablit sur son Thrône ; en peu il eût oublié ses promesses, tous les jours étoient marqués par de nouveaux meurtres, de nouveaux crimes d'impudicité ; Dion & Timoléon chefs du peuple le chasserent une seconde fois, ce qui arriva l'an 411. il se retira à Corinthe, où il ne fréquentoit que des lieux infâmes & ne faisoit société qu'avec des gens de la lie du peuple, réduit à la derniere misere & méprisé de tout le monde, il fut obligé de tenir école pour subsister. On ne dit point le tems auquel il mourut. *Just. L.* 21.

Les (*a*) Bulgares en général tirent leur origine des Scites qui habitoient le long du Volga. On croit que cette Nation, soit qu'elle fut chassée de son Pays, soit que par inconstance elle voulut le quitter, se refugia dans ces vallées, & qu'elle s'est fait appeller du nom du fleuve qu'elle venoit de quitter ; ceux qui sont entre Sophie & (*a*) Philippopolis s'emparérent d'abord du Mont Hemus, ils y trouverent les fortifications que la nature avoit pris soin de faire, & sans autre secours, ils ré-

(*a*) Les Bulgares tirent leur origine des Scytes, & leur nom d'une riviere nommée *Bulga* dans la Scitie ; ce sont eux qui ont donné leur nom à cette Province d'Europe qu'ils habitent aujourd'hui ; c'est la Bulgarie que la grande riviere nommée Volga arrose, & non pas la Scitie, comme Busbec semble le dire. La Bulgarie, avant l'arrivée des Bulgares, s'appelloit Volgarie, du nom de la *Volga*. C'est vers la fin du cinquiéme siécle qu'ils passerent le Danube après avoir vaincu Constantin Pogonat, & qu'ils s'établirent dans la Volgarie, ou la Mœsie ; ils étoient Idolatres, & ils se firent Chrétiens sous l'Empereur Léon IV.

(*b*) Philippopolis est de la Turquie Européenne dans la Romanie, située sur une Colline ; les Empereurs Ottomans ont fait raser ses murs, & démolir ses Fortifications.

(*c*) Le Mont Hemus divise la Thrace de la

fiſterent long-tems aux armes des Empereurs Grecs; c'eſt dans un combat contre cette Nation que (*a*) Baudoin Comte de Flandres, qui depuis peu avoit été couronné Empereur de Conſtantinople, fut pris & mis à mort par ces Barbares. Les Ottomans furent dans la ſuite plus heureux que ne l'avoient été les Chrétiens, après pluſieurs combats ils les ont enfin ſubjugués & mis pour toujours dans le plus dur eſclavage. La langue dont ces Peuples ſe ſervent eſt l'Yllirique, comme les Serviens & les (*a*) Raziens.

Mœſie; il a pris ſon nom d'Hemus fils de Barée, il s'étend juſqu'au Pont.

(*a*) Baudouin, premier Comte de Flandres, ſe croiſa avec les François l'an 1200. & après avoir pris Conſtantinople, & chaſſé le Tyran Murzufle, il fut élû Empereur le 16 May de l'an 1204. Le Roy des Bulgares lui tendit des piéges auſquels il ſe laiſſa prendre; il le fit priſonnier, & le fit mourir enſuite ſuivant pluſieurs Auteurs le 16 Juillet l'an 1206. il ne laiſſa point d'enfans, & ſon frere Henry lui ſuccéda à l'Empire.

(*b*) La Raſcie eſt un pays vaſte qui joint à la Servie, fait la haute Myſie en Europe; les Raziens ſont cruels, voleurs, ſauvages, & grands yvrognes, mais propres à ſoutenir le travail; cette Province eſt fertile & abondante en bétail, c'eſt elle qui fournit Andrinople & Conſtantinople.

Sur le chemin de Philippopolis on apperçoit de loin une Montagne dont le sommet est en tout tems couvert de neige ; (*a*) sur cette Montagne, est un Bois fort épais, dans lequel il faut nécessairement passer pour arriver à Philippopolis. Les Turcs appellent ce Bois, *Capidervent*, qui veut dire, *la porte étroite, le chemin des embuches* ; de-là, on descend dans une belle plaine qui est arrosée de (*b*) l'Ebre, & qui s'étend jusques aux Portes de Philippopolis, proche de-là est le (*c*) Mont Rhodope, c'est où Pline dit que l'Ebre prend sa source, Ovide semble le dire aussi dans ces deux vers.

Quà patet umbrosum Rhodope glacialis ad hœ-
   mum ,

Et sacer amissas exigit Hebrus aquas.

(*a*) Les Habitans d'alentour appellent cette partie de la Montagne *Crulla*.

(*b*) L'Ebre est un Fleuve très rapide, il arrose Philippopolis & Andrinople ; il prend sa source dans le Mont Hemus, & va se jetter dans l'Archipel. Plusieurs Auteurs l'appellent *Mariza*.

(*c*) Rhodope est une Montagne dans la Thrace, elle a pris son nom de Rhodope Reine des Amazones.

Le Poëte semble encore dire qu'il y a peu d'eau dans ce fleuve, & que son cours n'est pas long, ce qui me paroît assez vrai-semblable ; car quoiqu'il soit fort célébré & qu'on l'ait mis au nombre des grands fleuves, il est presque toujours guéable par-tout. Je me souviens cependant, qu'une fois nous le passâmes à gué vis-à-vis de Philippopolis pour aller dans une Isle, où la fantaisie nous prit de rester la nuit : & qu'il nous arriva un petit accident ; les eaux augmenterent beaucoup pendant cette nuit, & ce ne fut qu'avec grande peine, en courant même des risques, que nous le repassâmes le lendemain.

De-là nous allâmes à Philippopolis ; avant d'arriver dans cette Ville, nous traversâmes de grands Marais dans lesquels il vient (*a*) du ris d'une hauteur égale à celle du froment. On voit encore dans toute la plaine une quantité prodigieuse de Tombeaux. Les Turcs du Pays font à ce sujet mil Histoires fabuleuses ; ils disent que

___

(*a*) Et ce qui est de merveilleux, c'est qu'il y vient naturellement.

ç'a été un préfent du Ciel (*a*) pour mettre les corps de ces grands Capitaines que la fureur des combats a fait périr, & pour fervir à la poftérité des monumens autentiques de toutes les Batailles qui ont été données dans cette plaine.

Nous ne fîmes point de féjour à Philippopolis, nous allâmes fans nous arrêter à (*a*) Andrinople, laiffant fur notre droite l'Ebre, & le Mont Hemus fur la gauche ; nous paffâmes auffi fur ce Pont fameux que Muftapha a fait conftruire ; cette Ville eft fort grande, il y a dedans beaucoup de vieux édifices ; elle eft bâtie fur une colline avec fes fauxbourgs au-deffous : ce qui forme un amphitéatre fort agréable. Nous n'y reftâmes qu'un jour, & le lendemain nous

[*a*] Plufieurs Poitevins en difent autant des Tombeaux que l'on trouve en quantité dans la plaine de Civaux en Poitou.

[*b*] Andrinople eft la Capitale de la Thrace, elle a porté autrefois le nom d'Orefta, & enfuite celui d'Ulladama ; elle fut prefque détruite par un tremblement de terre fous l'Empereur Adrien qui la fit rebatir, & qui lui donna le nom d'Andrinople, du fien *Adrien*.... En 1362. elle fut affiégée & prife

en partîmes, nous promettant d'arriver enfin dans le même jour à Constantinople, quoiqu'il en soit encore fort éloigné ; mais regardant cette Ville comme le terme de notre voyage, le chemin nous en parut court. La beauté de la Campagne vint encore à notre secours pour nous faire oublier les fatigues de la route, & pour nous abréger le chemin ; le tems dans lequel nous étions pour lors, n'étoit point celui des Zéphirs & des fleurs, nous vîmes cependant des prairies de l'émail le plus beau. Les chemins étoient bordés de Narcisses, de Hyacintes & de Tulippes, & mille Turcs qui se trouvoient-là comme à dessein, nous en offroient de distance en distance des bouquets. (Les Narcisses & les Hyacintes sont très-communes dans toute la Grece, leur odeur est si forte qu'elles donnent mal à la tête à ceux qui ne sont pas accoutumés à les sentir. Les Tulippes n'ont rien de différent

---

par Soliman I. Elle a été la Capitale de l'Empire Ottoman jusqu'à la prise de Constantinople ; c'est sous ses murs que les rivieres de Tonzes & d'Ardre se joignent, & se jettent dans la Mariza. L'air que l'on y respire est doux & temperé.

des nôtres, elles sont sans odeur, & comme en Europe la variété & la vivacité de leurs couleurs en font tout le mérite; les Turcs différent de nous en ce que généralement ils aiment tous les fleurs, & qu'ils les cultivent avec un soin extrême; leur avarice ne tient point contre le désir qu'ils ont d'en avoir de belles, ils donneroient trois ou quatre aspres pour la plus commune; c'est leur plaisir, ils le regardent comme leur nécessaire.) Vous pensez bien que ces gens ne prenoient pas ce soin gratis; je payois effectivement leurs bouquets fort cher, & c'est de-là où l'effusion de ma bourse doit avoir pris date; imaginez-vous que je ne fis pas dans tout le tems de mon Ambassade un seul pas, sans répandre de l'argent. C'est ainsi que doit se comporter tout Etranger que l'intérêt de sa patrie ou son bien particulier conduit en Turquie; s'il veut traiter avec cette Nation il doit commencer pour préliminaire à ouvrir sa bourse, & qu'il prenne garde de la refermer avant qu'il soit sur ses terres. Le son de l'argent a pour les Turcs la vertu de l'instrument le plus doux, il les endort; l'argent seul peut les humaniser

& adoucir la férocité de leur caractère ; enfin, sans argent cet Étranger se trouveroit plus mal chez eux que ne seroit un Éthiopien dans l'endroit le plus froid du Nord, ou un habitant du Nord dans la partie la plus chaude de l'Éthiopie ; qu'il ne cesse donc pas de semer de l'argent, s'il veut réussir dans ses entreprises.

Presque à la moitié du chemin d'Andrinople à Constantinople, on trouve une petite Ville, que les Turcs appellent Chiurli ; elle est fameuse dans l'Histoire de leur Nation par la Bataille que (a) Selim livra sous ses Murs à Bajazet son pere ; les armes favoriserent le bon droit du Sultan, il défit ses ennemis. Ce fils révolté fut assez heureux pour échaper aux poursuites du vainqueur ; il se refugia chez son beau pere qui étoit Roi des Tar-

[a] Selim I. du nom, prit les armes contre son pere Bajazet II. pour s'assurer plus facilement de l'Empire qui devoit échoir à son frere Achmet, mais les Janissaires étant restés fideles à Bajazet, Selim perdit la Bataille. A quelque tems de là, les troubles causés par cette révolte s'appaiserent, Selim rentra en grace, & il s'empara tellement de l'esprit de son pere, qu'il l'engagea à se défaire en sa faveur de la Couronne, par préférence à Achmet, à qui

tares (*a*) Precopites. Les Turcs ont appellé le Cheval sur lequel il étoit monté dans sa fuite, *Carabouluck*, c'est-à-dire, nuée noire.

Nous trouvâmes encore sur notre route (*a*) Selimbria, petite Ville bâtie sur le bord de la Mer ; c'est-là où commençoit ce Mur que les Empereurs Grecs avoient fait élever, pour

le droit d'aînesse devoit la donner. Selim appréhendant que son pere se rétractât, le fit étrangler aussi-tôt qu'il fut sur le Thrône. Ce Prince avoit autant de bonnes qualitez que de mauvaises ; il étoit sobre, libéral, courageux, ami de la justice, mais il étoit cruel & ambitieux à l'excès. Il mourut à Cluri en Thrace l'an 1520. âgé de 46. ans, & la huitiéme année de son regne.

(*a*) Les Tartares de Précops habitent la Chersoneze Taurique ; leur Souverain s'appelle Cham, celui qui les commande a toujours retenu ce nom, quoiqu'ils soient sous la domination du Turc. Leur pays est très-fertile en bled, en mil, les poules & d'autres animaux de cette espece y sont en grande quantité, malgré toutes ces bonnes denrées, ils ne mangent pour ainsi dire que de la chair de cheval ; ils sont belliqueux, & si endurcis au travail & à l'intemperie des saisons, qu'ils passent en hyver des rivieres à la nage tous nuds, Maucup est leur Ville Capitale.

(*i*) Selimbria est dans la Propontide, cette Ville est fort ancienne, & il y a dedans beaucoup d'Eglises Grecques.

défendre toute la contrée des incursions & du pillage des Barbares : il s'étendoit jusqu'au Danube. On dit dans le Pays qu'un certain Vieillard en avoit fait remarquer l'inutilité dans le tems même qu'on le bâtissoit ; il prétendoit que les terres que ce Mur renfermoit seroient moins à couvert des hostilités des Barbares, que celles qui étoient exposées & sans défenses. La raison qu'il en apportoit paroît sensible : les Grecs, disoit-il, se croiront par-là en sûreté, ils s'endormiront sur le soin de se défendre, tandis que les Barbares irrités par les barrieres chercheront de nouveaux moyens pour les attaquer & les surprendre.

Le bon air que l'on respire à Selimbria, & sa belle situation nous y firent rester quelques jours ; la Mer y est extrêmement tranquille, chaque fois que nous allions sur ses bords, nous voyions des Dauphins attroupés, & se montrer en folatrant sur la surface des eaux. Lorsque la Mer s'étoit retirée nous avions le plaisir de ramasser sur le sable des coquillages de mille espéces différentes ; persuadez-vous enfin qu'il n'est pas d'endroit dans le monde où il y ait un plus beau Ciel,

& où l'air soit plus tempéré ; Chiurly qui en est un peu éloigné semble être des Colomnes d'Hercule pour ce vent froid & impétueux qui vient de la Thrace : il ne passe pas outre. On ne sent à Selimbria que des Zephirs, & il n'y en a que ce qu'il faut pour moderer le chaud qui y seroit excessif.

Ce ne fut qu'avec regret que nous quittâmes cette Ville, & nous poursuivîmes notre route. Un peu avant d'arriver à Constantinople, il y a deux bras de Mer qui forment une presqu'Isle qui est charmante : nous les passâmes sur un Pont. Ces lieux sont très-agréables, s'ils étoient cultivés & que la nature fut un peu aidée de l'art & de l'industrie, je doute qu'il y eut sous le Ciel d'endroits plus beaux que le seroient ceux-ci. Mais le désordre dans lequel ils sont, annonce le mauvais goût de leur Maître, qui les laisse sans culture ; ils semblent, ces lieux si charmans, porter le deüil & gémir de la barbare domination sous laquelle ils languissent.

Lorsque nous passions sur ce Pont, j'apperçûs des Turcs sur le rivage qui pêchoient ; j'envoyai acheter de leur Poisson, dont je mangeai beaucoup l'ayant trouvé d'un goût exquis. Nous allâmes descendre dans (*a*) un Hôpital qui en est fort peu éloigné ; l'appartement dans lequel on me logea n'étoit tapissé que de petits morceaux de Papier fichés dans les fentes du mur ; dès que j'eus jetté les yeux dessus, je demandai à quelques Turcs de ma suite s'ils ne contenoient rien d'écrit, & sans attendre leur réponse j'en retirai quelques-uns pour satisfaire ma curiosité ; je n'y trouvai effectivement rien d'écrit ; c'étoient des chiffons qui ne méritoient pas qu'on prit le soin de les ramasser ; je me persuadai cependant qu'ils n'étoient pas ainsi placés sans raison ; je la demandai, & me souvenant que j'en avois déja trouvés dans d'autres endroits dans lesquels j'avois logé, je devins encore plus avide de sçavoir ce que cela signifioit. Je fis bien des questions, mes Turcs les écoutérent tranquillement, & ne daignerent pas répondre un seul mot. Ce silence opiniâtre me fit douter si la honte de me dire quelques bagatelles que ces Papiers signifioient, n'en étoit pas la

(*a*) Les Turcs appellent les Hôpitaux *Imaret*.

cause, ou si ce n'étoit pas de leur part un manque de confiance en moi j'allai même jusqu'à soupçonner quelque grand mystere renfermé sous ces Papiers, que les Turcs ne vouloient pas développer à un profane tel que je l'étois pour eux; mais étant devenu dans la suite un peu familier avec quelques-autres, j'appris que s'ils en ramassoient les plus petits morceaux, c'étoit uniquement par révérence pour lui, parce que, disent-ils, *c'est surquoi on écrit le nom de Dieu.* Ceci n'est qu'un préjugé, qui n'auroit en lui-même rien de répréhensible s'ils ne regardoient comme un crime capital de marcher sur le Papier; ce qui fait qu'ils le ramassent avec un soin extrême & le mettent, comme je vous ai dit, dans les fentes du mur. Mais ils ajoutent un autre motif de leur dévotion pour le Papier, qui est d'une extravagance encore plus singuliere : Ils disent que le dernier jour du Jugement étant arrivé, Mahomet appellera du Purgatoire tous ceux qui y sont pour expier leurs crimes, & que pour aller jouir des trésors & des plaisirs de leur Ciel, ils seront forcés de passer par un chemin couvert d'une grille de fer rougi par le feu fur laquelle ils marcheront les pieds nuds: le fupplice feroit grand; mais voici le remede fpécifique pour en adoucir les peines, il eft merveilleux même à raconter: ce Papier que l'on aura fauvé pendant la vie de l'injure que lui auroient fait les pieds, fe trouvera-là, comme à l'improvifte, pour fervir de fouliers, & garantir les pieds de la brûlure. Voyez de quel fecours le Papier eft aux Turcs! Le foin qu'ils en prennent n'eft-il pas bien raifonnable?

Je me perfuade que tout ceci fait un tableau dans votre efprit d'un ridicule à vous exciter à rire, permettez que j'y ajoute une comparaifon qui n'eft pas moins finguliere, & qui vous repréfentera clairement la figure & les attitudes de nos Turcs, lorfqu'à la fin du monde ils commenceront leur glorieufe marche. Figurez-vous de voir une grande quantité de Poules & de Poulets fortir d'un Poulailler, & entrer dans une baffe-Cour toute couverte de charbons ardens; leur fautillement, le battement de leurs aîles, l'étonnement & la douleur peints dans leurs yeux déja égarés; tout, eft l'image la plus ressemblante de nos ressuscités.

Enfin, pour ne rien oublier de ce qui caractérise la scrupuleuse dévotion des Turcs pour le Papier, je vais vous en raconter un trait aussi extraordinaire que les précédens : Je me souviens qu'un jour ceux qui m'escortoient s'étant apperçus que quelques-uns de mes gens en avoient fait un usage, que poliment je ne puis vous dire, vinrent aussi-tôt me les dénoncer comme coupables du plus grand crime : Je ne pûs m'empêcher de rire. Je leur répondis que la conduite de mes domestiques ne devoit point en cela les étonner, puisqu'ils ne se faisoient nulle peine de manger tous les jours de la chair de pourceau, ce qui suivant leur Loix devoit être un plus grand crime : tels sont les Turcs, extrêmes dans tout, particulierement lorsqu'il s'agit de Religion. Si, par exemple, un Chrétien avoit posé la main, ou par hazard ou par curiosité sur leur (*a*) Alcoran, ils

(*a*) L'Alcoran est le livre dans lequel est écrite la Loi Ottomane, Mahomet en est l'Auteur, avec le secours de quelques Juifs, d'un certain *Bayras* hérétique Jacobite, & de Ser-

lui en feroient un crime énorme. Leur respect pour les Roses n'est gueres moins grand : ils imitent en cela les

gius, Moine de la Secte de Nestorius, il fit le corps de sa doctrine qui n'est qu'un recueil sans ordre, d'absurditez, d'impostures grossieres & de fables. Ce livre est divisé en quatre parties, & chaque partie en Chapitres; les titres de quelques-uns semblent être plus propres à l'histoire naturelle des animaux, qu'à ce qui doit servir de regle à la conscience des hommes, tels que ceux-ci de la *Vache*, des *Fourmis*, des *Araignées*, des *Mouches*. Mahomet a trouvé le secret de persuader aux Turcs que Dieu lui avoit envoyé l'Alcoran par l'Ange Gabriel, & qu'il étoit écrit sur la peau du Bellier qu'Abraham sacrifia à la place de son fils Isaac; il est dit dans l'Alcoran qu'il y a sept Paradis, Mahomet n'a pas osé dire qu'il les avoit vûs, mais *Azar* un de ses fideles Sectateurs assure que c'est un effet de sa modestie, & qu'un jour Dieu ayant trouvé son ami Mahomet monté sur un petit Mulet, il l'introduisit dans ces célestes demeures. Mahomet cependant dit que le premier est d'or, le second est de fin argent, le troisiéme de pierres précieuses, le quatriéme d'émeraudes, le cinquiéme de crystal, le sixiéme de couleur de feu, & le septiéme est un Jardin délicieux. S'il en avoit feint un huitiéme, peut-être l'auroit-il destiné aux femmes, ausquelles il refuse l'entrée de tous ces sept, & dit que leur béatitude sera de les regarder de loin ; la base de toute la doctrine qui est contenue dans l'Alcoran est la pré-

anciens Payens ; ceux-ci croyoient que cette fleur avoit pris naiſſance du ſang de Venus, & ceux-là diſent que c'eſt de la ſueur de leur grand Prophéte Mahomet. J'aurois encore mille autres bagatelles à vous raconter auxquelles s'arrête cette Nation ſuperſtitieuſe, ſi je ne craignois de vous ennuyer. Je reprends la ſuite de mon voyage.

Nous arrivâmes enfin à Conſtantinople le 20 de Janvier. J'y trouvai Wrantze & Zay mes deux Collegues qui m'y attendoient. Le Grand Seigneur en étoit parti depuis peu pour aller commander en perſonne ſon armée d'Aſie ; de toute la Cour je n'y trouvai qu'Ebrahim Bacha eunuque, à qui le Sultan avoit donné pendant ſon abſence le Gouvernement de Conſtantinople. Ruſtan y étoit auſſi, & quoiqu'il fut diſgracié, je ne laiſſai pas de lui faire les honneurs, & les préſens comme s'il eut été encore Vizir, il eſt vrai que l'on me dit qu'il devoit en peu rentrer en grace. Il ne ſera peut-être pas hors de propos que je vous

deſtination. Pluſieurs doctes perſonnages l'ont réfutée, comme Pierre de Cluny, le Cardinal de Curſa, Jean de Segovie, & d'autres.

raconte ici le sujet qui l'avoit déchoir de cette haute Dignité à laquelle son mérite seul l'avoit conduit.

Soliman, l'Empereur régnant, avoit des enfans de deux concubines, de la premiere, qui s'appelloit, si je ne me trompe, Bosphorone, il lui étoit né un fils nommé Mustapha. Ce Prince avoit toutes les qualités d'un Grand Monarque; dès ses plus tendres années il avoit fait des actions dignes d'un Heros; de la seconde concubine il avoit plusieurs fils & une fille; celle-ci s'appelloit Roxolane; il l'aima dans la suite avec tant de fureur qu'il l'épousa & lui assigna une grosse dot (*a*) ce qu'aucun Empereur n'avoit fait depuis (*b*) Bajazet le Grand.

(*a*) C'est la dot parmi les Turcs qui constate le mariage.
(*b*) Bajazet le Grand, I. de ce nom, fut surnommé Eclair & Foudre, il étoit la terreur des Princes Chrétiens, & le fléau des Asiatiques; Sigismond Roy de Hongrie, craignant qu'il ne tournât ses armes contre lui, demanda à Charles VI. Roy de France du secours: Charles lui envoya des Troupes, & en donna le Commandement à Jean Comte de Nevers, fils du Duc de Bourgogne; quelques autres Princes de l'Europe lui

Le mérite seul de Muſtapha auroit pû éloigner de la Couronne tous envoyerent auſſi des Troupes, ce qui compoſa avec les Hongrois une armée nombreuſe ; d'abord Sigiſmond fit quelques Conquêtes, mais s'étant avancé témérairement, il fut obligé de livrer une bataille qu'il perdit ; le Comte de Nevers y fut fait priſonnier.

La renommée porta trop loin les Conquêtes & la puiſſance de Bajazet ; Tamerlan Roy des Tartares en fut jaloux dès qu'il le ſçût ; ce Prince avoit ſubjugué les Parthes, & ſon nom ſeul faiſoit trembler tout l'Orient ; Bajazet devint ſon rival, Tamerlan lui fit la guerre, le 28 Juillet en 1402. il lui livra bataille, le vainquit, & le fit priſonnier avec ſon épouſe ; Bajazet fut enfermé dans une cage de fer, & ſouffrit avec une grandeur d'ame & une fierté incroyable des cruautés qu'on ne peut dire, mais il ne put ſurvivre aux infamies que les Tartares firent à l'Impératrice ſa femme, il ſe donna la mort après un an de ſervitude en ſe coignant la tête contre les barreaux de ſa cage.

C'étoit pour éviter de pareils malheurs que les Sultans ſucceſſeurs de Bajazet ne prenoient plus de femme en légitime mariage ; ils adoptoient ſeulement les enfans qui naiſſoient de leurs concubines, qui les auroient moins deshonorés que ſi étant leurs épouſes légitimes, elles euſſent tombé dans les fers d'une Puiſſance étrangere. Les Turcs d'ailleurs eſtiment autant les enfans qu'ils ont de leurs concubines que ceux qui naiſſent de leurs femmes ; ces enfans ont les mêmes droits pour ſuccéder que les légitimes.

ses rivaux ; mais joignant à ce titre le droit d'aînesse, l'amour des Peuples, & celui des Soldats, ne sembloit-il pas que l'Empire lui dût être dévolu après la mort de son pere ? Il auroit effectivement régné si Roxolane sa belle mere eût été moins ambitieuse, plus équitable, d'un caractere doux & tranquile.

Cette marâtre forma des desseins tout opposés, quoiqu'il n'y eut que la mort de Mustapha qui pût lui en assurer le succès, rien ne coûta à sa malice, elle la jura. La difficulté de réussir dans une entreprise de cette nature ne fit qu'irriter l'envie qu'elle avoit que ses fils régnassent. Voici les intrigues & les différens moyens dont elle se servit.

Ses fils étoient cadets, grand obstacle, mais sa politique lui fournit ce prétexte ; pour le vaincre, elle disoit que ses enfans étant nés d'un légitime mariage avoient des droits que n'avoient pas ceux qui étoient nés d'une concubine ; elle soutenoit contre les Loix & l'usage de la Nation Ottomane qu'il y avoit de l'infamie à naître d'un concubinage, elle en faisoit l'application à Mustapha

Enfin, elle prétendoit que ce défaut (qui n'étoit qu'une cérémonie) dans les amours de Soliman avec Bosphorone mere de Mustapha, obscurcissoit son mérite & le privoit du droit de succéder à l'Empire.

Roxolane sentoit qu'il lui falloit un fort appui pour faire valoir des raisons si foibles ou tout-à-fait déplacées; Rustan Grand Vizir & son Gendre fut celui sur lequel elle jetta les yeux, pour l'engager à entrer dans son parti, elle lui proposa des intérêts communs dans la réussite; il les accepta, & ils se lierent si étroitement qu'ils devoient effectivement partager dans tous les événemens de la conjuration.

(a) Rustan étoit homme d'esprit, grand politique, gouvernant à son gré l'Empire, l'esprit & la volonté de son Maître. Sentez combien ces avantages faisoient naître de préjugés dans l'esprit d'une Nation timide en sa faveur ; à peine eut-il accusé Mustapha que les Turcs le crurent criminel. Les impostures de Roxolane empêcherent les plus crédules de

---

(a) Voyez à la note de la Lettre a. p. 8 & 9.

douter,

douter. Ils femerent enfuite dans le Public que Soliman étoit tellement irrité contre lui qu'il avoit réfolu de le faire mourir ; quelques-uns s'imaginerent que ce Prince fçachant que Ruftan étoit ligué avec Roxolane pour le perdre, avoit voulu prendre les devans, & avoit attenté à la vie de fon pere.

Il n'eft rien de plus trifte & de plus inhumain que le fort des Princes Ottomans après la mort de l'Empereur leur pere, le lacet eft leur partage ; le Peuple & les Janiffaires regarderoient ces Princes comme rivaux de celui qui feroit fur le Trône, toujours prêts à exciter des troubles & des féditions pour régner à leur tour. Auffi celui des freres qui eft élû Empereur envoye aux autres, le moment d'après fon élection, le lacet ; s'ils ne l'acceptent pas la premiere fois de bonne grace, ceux qui le leur reportent les faluent derechef & leur difent : *que votre frere vive, qu'il plaife à Dieu de nous le conferver* ; leur défignant par ces peu de mots qu'il y a un Empereur d'élû, qu'ils font inutiles fur la terre, & qu'il faut qu'ils meurent : l'exécution fuit de près la

Sentence, sur l'heure ils les étranglent. Voilà quels sont les heureux présages du régne des Empereurs Turcs, à peine sont ils monté sur le Trône qu'ils trempent leurs mains dans le sang de leurs freres.

Ainsi on pourroit facilement croire que Mustapha appréhendant de ne pas succéder à l'Empire, craignoit que celui de ses freres qui seroit élû ne le fit périr, ou que Roxolane craignant elle-même pour ses fils, si Mustapha montoit sur le Trône, avoient l'un ou l'autre médité le dessein de faire périr l'Empereur.

Dans le tems que ces bruits se répandirent, Soliman faisoit la guerre à Sag Thamas Roi de Perse; il avoit envoyé depuis peu Rustan avec les dernieres forces de l'Empire, en lui donnant le commandement de toute l'armée. Rustan s'étoit arrêté avant d'entrer sur les terres des ennemis, & avoit écrit à l'Empereur, que ses affaires étoient dans le plus mauvais état, qu'il y avoit tout à appréhender, qu'il se conduisoit quelque intrigue secrete; que les Troupes étoient corrompues, & qu'elles ne désiroient que son fils Mustapha; qu'il pensoit que sa présence étoit d'une nécessité indispensable, & qu'il n'y auroit qu'elle qui pourroit empêcher la sédition ; que s'il ne venoit pas, il lui paroissoit certain qu'il seroit détrôné.

Soliman à l'ouverture de cette Lettre fut dans une agitation qu'on ne peut exprimer. D'abord il écrivit à Mustapha, qui tranquile dans son Gouvernement ne pensoit à rien moins qu'au malheureux sort qu'on lui préparoit, « qu'il vint le joindre
» sans différer dans son Camp, qu'il
» étoit publiquement accusé de
» grands crimes, & qu'il falloit qu'il
» s'en justifiât ; que s'il obéissoit à ses
» ordres aussi promptement qu'il le dé-
» siroit, il n'avoit rien à craindre de
» son ressentiment, quand même il
» seroit coupable : « aussi-tôt après & sans être revenu de son effroi, il partit avec une extrême diligence.

Mustapha reçût la Lettre de son pere, le contenu lui parut une affaire assez sérieuse pour la mettre en délibération ; s'il partoit il voyoit son pere tellement irrité que sa perte étoit certaine, cette bonté de lui accorder son pardon dans son obéissance, lui paroissoit un appas ; d'un autre côté, il se déclaroit coupable s'il refusoit de se rendre aux ordres de l'Empereur; enfin, le sentiment d'honneur l'emporta sur la crainte bien fondée de périr; soutenu par son innocence, & comptant qu'en présence de toute l'armée on n'oseroit attenter à sa vie, il quitta son (*a*) Gouvernement & se rendit auprès de Soliman qui étoit campé près d'Amasie : c'étoit à la mort que ce malheureux Prince couroit; l'Arrêt en étoit porté avant que Soliman fut sorti de Constantinople; & afin que l'on ne soupçonnât point qu'une action si noire prenoit sa source dans la haine & la jalousie, on avoit consulté le grand Muphti; le zéle pour le bien de l'Etat & pour les intérêts de la Religion parurent au

[*a*] Le Gouvernement de Mustapha étoit celui de l'Amasie.

[*b*] Le Mouphti ou Mufti est le Grand Prêtre de la Loi; son autorité est très-grande, le Sultan ne peut être détrôné que l'on n'ait auparavant pris l'avis du Mufti; le Sultan peut cependant de sa pleine autorité déposer & faire mourir le Mufti.

Quoique le Mufti soit le Vicaire Général de Mahomet, & qu'il soit chargé spécialement des intérêts de sa Loi, il n'en est pas toujours le plus fidéle observateur.

contraire en être le feul motif. Le crime que l'on imputoit à Muftapha & la mauvaife tournure qu'on donnoit à fa conduite, fembloient effectivement intéreffer l'un & l'autre, & forcer le Muphti a prononcer fon Arrêt de mort. Voici comme l'Empereur lui propofa la queftion.

» Quelle peine penfez-vous, fage
» Muphti, que mérite l'efclave d'un
» Marchand de cette Ville, bien aimé
» de fon Maître, qui lui a confié pen-
» dant un voyage qu'il a été obligé de
» faire, le foin de fon commerce, fon
» époufe & fes enfans ; & qui au mé-
» pris des Loix a abufé de la confiance
» de fon Maître, a renverfé dans fon
» abfence le bon ordre qui régnoit
» dans fes affaires, a voulu féduire fa
» femme, a dreffé des embuches à fes
» enfans, & même fecretement a con-
» certé la mort de fon Maître. Dites,
» que mérite cet Efclave.

Le Mufti répondit, qu'il méritoit la mort à bon titre, foit que le Mufti fut dans la bonne foi, foit qu'il fut du complot de Roxolane, fa réponfe irrita de nouveau l'Empereur. Il trouva une analogie parfaite entre le crime propofé & celui de Muftapha ;

cherchant d'ailleurs l'occasion de perdre ce Prince, aussi malheureux qu'il méritoit d'être heureux, il saisit celle-ci avec une avidité qui ressembloit plus à la fureur, qu'à une défense légitime.

Mustapha enfin arrive au Camp, toute l'Armée attendoit avec une impatience extrême, l'évenement de son entrevûe. On l'introduisit aussitôt dans la tente de son pere, où le calme & la paix sembloient régner; cette tente paroissoit être le Temple de la bonne foi, elle n'étoit point environnée de Soldats, point d'Archers qui fissent la garde à la porte; il ne paroissoit aucuns (*a*) des Licteurs, rien qui peut effrayer Mustapha. Le mal étoit au dedans, les Acteurs de la scêne tragique dont ce Prince alloit être le héros, n'étoient pas d'une nature à marquer leur impatience ou leur joie de son arrivée à haute voix;

[*a*] Licteur étoit un espece d'Huissier à Verge qui marchoit devant les principaux Magistrats de l'ancienne Rome avec une hache garnie des faisseaux, & qui par l'ordre du Magistrat punissoit ceux qui étoient coupables.

ils étoient (*a*) muets, mais forts & robustes : c'étoit tout ce qui leur falloit.

Mustapha entre, la scène commence, il est saisi de tous côtés; ce Prince dans ce moment, qu'il crut être le dernier de sa vie, rappella ses forces & s'anima d'un courage héroïque. Il sentit que son triomphe le conduiroit au trône, le désordre dans lequel la chaleur du combat le mettroit auroit touché de compassion les Janissaires, il les voyoit déja armés pour le défendre de la barbarie de Soliman ; il croyoit s'entendre proclamer Empereur par toute l'Armée :.... c'étoit-là le sujet des craintes de Soliman; aussi avoit-il pris la précaution de faire tendre des toiles derriere sa tente où se passoit cette Tragédie, afin que personne ne s'en apperçut, que le bruit ne s'entendit point, que même on ne soupçonnât rien ; mais le désir ardent de vivre & de régner avoit rendu Mustapha invincible seul contre tous: le combat devenoit incertain ; Soli-

[*a*] Les muets servent à plus d'une chose chez les Turcs ; ceux-ci sçavoient mille bouffonneries, & étoient destinés à récréer l'Empereur.

man d'un autre côté impatient du succès, leva la tête par-dessus les toiles & vit que ces muets étoient prêts à succomber, ses craintes redoublerent, la colere peinte dans les yeux, il jetta sur eux un regard menaçant, leur reprochant avec des signes pleins d'inhumanité leur peu de courage. Quelle fut la force de ce regard sur ces muets ? Je ne puis vous la décrire, la fureur qu'il excita en eux n'a rien d'égal. L'instant dans lequel ils se jetterent une seconde fois sur Mustapha, le terrasserent en lui arrachant la vie, fut le même ; ils exposérent aussi-tôt le corps de ce pauvre Prince encore palpitant sur un tapis devant la tente de Soliman, afin que les Janissaires sentissent son autorité & son pouvoir dans le sort qu'il venoit de faire à celui qu'ils désiroient d'avoir pour Empereur.

Cette mort excita la compassion de toute l'Armée & la pénétra de douleur. Il n'y eut point de Soldat qui ne vint répandre des larmes sur le cadavre de l'infortuné Mustapha ; mais qui pourroit vous dépeindre la consternation des Janissaires au premier bruit de ce meurtre ? Ils ne l'eurent

rent pas vû qu'il se fit en eux un mélange de douleur & de rage qui les rendit si furieux & si peu capables de réflexion, que s'il s'étoit trouvé quelque mécontent pour se mettre à leur tête, il n'est point d'entreprises qu'ils n'eussent faites ; chaque regard qu'ils jettoient sur Mustapha étendu sur le carreau, ce Chef qu'ils désiroient avec tant d'ardeur, leur faisoit naître de nouveaux désirs de venger sa mort.

Cependant il ne leur restoit pour se consoler d'un événement auquel l'immutabilité du passé ne donne point de reméde, que de souffrir avec patience ; aussi s'en retournoient-ils chacuns en leur tente dans un morne silence, les yeux baignés de larmes, & s'ils donnerent dans ce jour du relâche à leurs cris, ce fut pour plaindre le malheureux sort du jeune Prince ; tantôt ils accusoient le vieux Soliman de folie & d'extravagance, tantôt ils faisoient des imprécations qu'une douleur sincere peut seule inspirer, contre la cruelle Roxolane, ce n'étoit qu'avec exécration qu'ils parloient de Rustan, qu'ils soupçonnoient être l'auteur d'un crime qu'ils ne pouvoient cesser de pleurer ; ils regardoient la mort de Mustapha comme l'anéantissement du plus brillant soleil dont l'éclat auroit illustré toute la maison Impériale, leur douleur fut enfin si vive que le plus grand nombre restât tout le jour sans manger, s'abstenant même de boire de l'eau, quelques-uns en passerent plusieurs dans la sévérité de ce jeûne.

Le deüil fut général dans toute l'armée, & rien n'auroit pû essuyer les larmes, & calmer les esprits, si Soliman n'eût exilé Rustan après l'avoir dépouillé de sa Dignité, (a) qu'il remplaça par un Bacha qui étoit aimé des Soldats ; ce changement en appaisant les murmures, a diminué les regrets, le peuple a crû que Soliman se repentoit de sa trop grande facilité à croire Rustan, & que c'étoit

[a] Busbec dit que ce fut par le conseil même de Rustan que l'Empereur l'exila ; j'ai vû encore quelques Mémoires sur le regne de Soliman qui le disent aussi, ce qui prouve que Rustan étoit grand politique, & que la tranquillité & les interêts de son Maître lui étoient plus chers que les siens propres.
Celui qui le remplaça fut le Bacha Achmet, plus grand Général qu'il n'étoit bon politique.

pour le punir des fausses accusations qu'il avoit formées contre Mustapha, qu'il l'éxiloit ; le bruit même s'est répandu que Soliman avoit encore découvert que l'Impératrice sa femme étoit de concert avec Rustan, & qu'il n'attendoit que son retour à Constantinople pour lui faire souffrir les peines que mérite sa perfidie.

Rustan de retour à Constantinople a fort bien joué son rôle ; il a affecté avec une adresse sans égale le chagrin que sa disgrace lui devoit causer, & a paru si humilié, qu'il n'est personne qui ne se soit persuadé qu'il avoit perdu l'espérance d'être jamais agréable à l'Empereur ; mais Roxolane a tenu une conduite bien opposée, (la dissimulation est peut-être le seul vice qu'elle n'a pas ;) sa rage d'ailleurs n'étoit pas assouvie par la mort seulement de Mustapha ; ce Prince laissoit un fils, qui succédant aux droits de son pere à l'Empire, privoit les enfans du second lit de la Couronne, Roxolane pour cette raison lui a préparé un sort égal à celui que son pere venoit d'avoir ; pour y réussir il étoit question de fabriquer un prétexte & des moyens pour faire agréer sa mort à l'Empereur, sa malice lui a fourni ceux-ci : elle a fait dire à Soliman *que chaque fois que son Petit-Fils paroissoit* (a) *à Burse en public, les enfans de la Ville étoient accoutumés à faire des acclamations de joye, lui predisant les choses du monde les plus heureuses ; qu'aujourd'hui ils disoient qu'ils desiroient ardemment qu'il vecût pour venger la mort de son pere, que l'Empire lui appartenoit, & que les Janissaires avoient été assez attachés à Mustapha pour en conserver long-tems la mémoire, & pour embrasser le parti de son fils ; qu'il fît donc attention à tous ces discours, qu'il en examinât les suites, qu'il étoit à craindre que la mort de Mustapha n'assurât que pour un tems bien court la paix & la tranquillité du Royaume ; que les interêts de la religion lui de-*

[a] Burse est une Ville de Bithinie, qui s'appelloit autrefois Pruse, du nom du Roy Prusias, qui l'a fait bâtir, elle a été la premiere Capitale de l'Empire Ottoman.

Cette Ville depuis long-tems étoit le lieu que les Empereurs avoient choisi pour faire élever leurs enfans, c'étoit la raison pour laquelle le fils de Mustapha y étoit avec sa mere.

voient être plus précieux que la vie de ses enfans ; que c'étoit uniquement par cette même religion, la plus Sainte de toutes, que sa Maison & l'Empire se soutenoient ; que l'un & l'autre ne tarderoient guères à être renversés, par la discorde & par les guerres intestines que cet enfant exciteroit ; que sa mort comparée avec les augures certains de ces grands maux que sa vie occasionneroit, devoit être comptée pour peu de chose ; qu'enfin s'il vouloit assurer la religion & l'Empire, le seul parti qu'il y eût à prendre étoit d'ôter la vie au fils de Mustapha ; qu'il étoit peut-être déja coupable, quoique jeune, des mêmes attentats que son pere, & qu'il ne falloit pas douter d'un instant qu'il se mît bien-tôt à la tête d'un parti pour en venger la mort.

Toutes ces raisons ont fait une si forte impression sur l'esprit de Soliman qu'il s'est déterminé sans hésiter à faire périr cet innocent ; il a chargé de l'expédition le Bacha Ebrahim qui est parti aussi-tôt. Le tems qu'il a mis pour venir à Burse lui a donné le loisir d'inventer des moyens propres à tromper la mere de la victime qu'il alloit immoler, il n'a osé porter la cruauté jufqu'à la rendre témoin de fon meurtre, fa vie d'ailleurs ne lui paroiſſoit pas en sûreté s'il ne prenoit des précautions, le jeune Prince étoit aſſez aimé, & l'action qu'il alloit commettre aſſez noire, pour exciter une fédition dans le peuple.

Son premier foin fut donc dès qu'il fut arrivé d'aller voir la Princeſſe, & de lui dire qu'il étoit envoyé de Soliman lui-même, pour la confoler & fon fils, de la mort de Muſtapha; qu'il l'avoit expreſſément chargé de l'aſſurer, qu'il feroit d'autant plus volontiers porté à donner des marques de fa tendreſſe à fon Petit-Fils, qu'il reconnoiſſoit avoir été injuſte envers fon pere; il ajouta, ce traitre! que les regrets de l'Empereur étoient extrêmes, qu'elle n'en pouvoit pas douter, puifqu'il venoit de difgracier Ruſtan auquel il étoit extrêmément attaché, le foupçonnant de lui avoir donné de mauvais confeils & de faux avis; qu'il rendoit à Muſtapha toute la juſtice qu'il méritoit, mais qu'il avoit connu trop tard fon innocence.

Voilà comme le rufé Bacha s'infinua dans l'esprit de cette Princesse trop crédule ; il joignit d'ailleurs des présens à ces flatteries, qui leur donnerent un crédit que le sexe refuseroit peut-être à la bonne foi si elle étoit seule ; sa conduite dans le reste fut si dissimulée que les plus pénétrans n'eussent rien soupçonné ; il passa deux jours, tantôt à entretenir cette Veuve désolée des espérances certaines de son fils, tantôt de choses indifférentes ; ce fut sur ce ton qu'il lui proposa d'aller à une Maison de plaisance peu éloignée de la Ville, seulement, disoit-il, pour changer d'air, persuadé que celui qu'elle respireroit à la campagne pendant quelques jours fortifieroit sa santé.

La Princesse donna dans le piége, elle se détermina sur l'heure à partir dès le lendemain ; elle dit qu'elle iroit dans son Char, & que son Fils monteroit à cheval : ces arrangemens ainsi pris, Ebrahim prit les siens de son côté, c'étoit ce qu'il désiroit pour exécuter son barbare dessein, rien cependant de plus ordinaire que cette partie, comment y auroit-on soupçonné de la fourberie ?

D'abord il fit partir un Eunuque à

qui il donna ordre de se trouver le lendemain à l'extrémité du Fauxbourg par lequel la Princesse passeroit, ensuite il fit scier l'aissieux du Char, de façon qu'il pouvoit rouler doucement, mais dans la rencontre de quelque cahos, ou allant un peu vîte, il étoit indispensable qu'il ne se partageât pas en deux.

Tout bien préparé, l'heure arrive, la Princesse monte dans son Char, & ordonne à son fils de la précéder, mais d'aller doucement ; cet infâme Eunuque ne manqua pas de se trouver sur son passage aussi à Cheval, comme par hasard ; le Prince lia conversation avec lui, & ne tarda guères à oublier les ordres de la Princesse ; il suivit l'Eunuque qui alloit bon train, cette mere tendre n'eût pas perdu de vûe son cher fils, qu'elle ordonna au Cocher d'aller plus vîte afin de le joindre, mais étant arrivé à un mauvais pas, une rouë se jetta avec force contre une grosse pierre, & l'aissieux se rompit ; cet accident fut de mauvais augure pour la Princesse, elle s'en effraya, on ne pût la retenir jusqu'à ce qu'on eût envoyé chercher une autre Voiture : accompagnée seulement de quelques femmes, elle continua à pied le chemin, courant après son fils; ses pas furent inutiles, l'Eunuque lui avoit fait faire trop prompte diligence pour qu'elle pût le joindre.

Ils étoient déja arrivé, ils descendent de Cheval, l'Eunuque le suit, & l'arrête sur le seüil de la porte, d'une main il le saisit, de l'autre il lui présente le Lacet, & prononce en ces peu de mots cette funeste Sentence : *l'Empereur veut que vous mourriez sur l'heure*: cet enfant accepta, suivant l'usage de la Nation, le Lacet, & répondit avec une fermeté qui tenoit de l'héroïsme, qu'il consentoit de mourir, moins cependant pour obéir aux ordres de l'Empereur qu'à ceux de Dieu, ainsi qu'il étoit juste; à peine eût-il fini de dire, que l'Eunuque l'étrangla. Telle fut la fin malheureuse de ce jeune Prince; les derniers instans de sa vie doivent augmenter les regrets de sa mort; en fut-il en effet sur qui on pû appuyer de plus grandes espérances !

L'Eunuque aussi-tôt prit la fuite, & s'évada par une fausse porte; un instant après la Princesse arriva toute préoccupée du malheur qui venoit d'arriver, elle frappe à la premiere porte qui se présente, & sans attendre qu'on réponde, elle court frapper à une autre, de celle-ci à une autre; enfin elle entre, quel spectacle! elle voit son fils étendu sur le carreau, palpitant encore.... je tire le rideau sur une scêne aussi tragique, à peine puis-je retenir mes larmes; hé! qui pourroit d'ailleurs vous dépeindre les mouvemens de la tendresse d'une mere dans ce moment, quel est son trouble, sa douleur, il est bien plus facile de le sentir que de l'exprimer.

Elle ne pût, cette mere désolée, souffrir long-tems la vûe d'un objet si triste, elle s'en retourna à pied à Burse, les cheveux épars, déchirant ses vêtemens, arrosant le chemin de ses larmes, & faisant retentir les lieux voisins de ses cris; les Meres, les Filles, & les Esclaves de Burse l'entendirent, aussi-tôt elles accourent; la Princesse leur raconte le crime énorme qui vient d'être commis, ces femmes dans le premier moment mêlerent leurs larmes avec les siennes, mais leur douleur ne tarda guères à se changer en rage; toutes troublées elles courent çà & là, rien ne leur résiste, elles enfoncent des portes, elles crient, elles demandent l'Eunuque, Dieux ! quel tourment elles lui eussent fait souffrir s'il leur fut tombé sous les mains. (*a*) Orphée n'endura rien de plus de la fureur des Bacchantes. Il l'avoit prévû, le scélérat, & c'étoit pour l'éviter qu'il avoit pris la fuite avec une si prompte diligence.... ma digression est assez longue, je reprends la suite de ma narration.

Dès que je fus arrivé à Constantinople on dépêcha un Courier à Soli-

(*a*) Orphée Libetrien de Thrace étoit fils d'Œnagre ; il florissoit long-tems avant Homere ; les Poëtes ont feint qu'il descendit aux enfers pour en retirer Euridice sa femme, beau modéle de tendresse ! il avoit la voix si douce & si harmonieuse qu'il fléchit le cœur de Pluton ; il obtint le retour de sa chere Euridice, mais à condition qu'il ne jetteroit même pas les yeux sur elle, jusqu'à ce qu'elle fut hors de l'enceinte des enfers ; Orphée n'eut pas la force de remplir cette condition, mais à peine l'eût il fixée, qu'il se la sentit enlever d'entre les bras, elle redescendit aux enfers pour jamais ; Orphée ne put s'en consoler, passant le reste de ses jours à pleurer, il vécut dans une indifférence extrême pour toutes les autres femmes ; celles de Thrace l'immolerent au ressentiment que ce sexe a lorsqu'il se croit méprisé des hommes, elles le massacrerent.

man pour le lui apprendre, & en attendant que ce Prince me fit sçavoir ses ordres, je m'occupai à examiner les curiosités (*a*) de la Ville. J'allai

(*a*) Constantinople est assise sur une pointe de terre avancée vers le Bosphore de Thrace; sa figure est triangulaire oxigone, semblable à une Harpe ; son premier nom a été Chrysoceras, qui veut dire Corne d'or ou d'abondance, ainsi que le remarque Busbec, elle a commencé d'être bâtie environ 700 ans avant J. C. Après le nom de Chrysoceras, elle a porté successivement ceux d'Acropolis & de Ligos; elle a conservé ce dernier jusqu'à l'arrivé d'un certain Bisanda, qui y conduisit une Colonie de Mégariens qui la peuplerent, pour lors il la fit appeller Bizana de son nom Bizanda. L'Empereur Antonin l'a dans la suite fait aggrandir, & lui a donné le nom d'Antonine; un de ses successeurs l'a fait appeller la nouvelle Rome, & enfin Constantin le Grand y ayant transferé le siége de l'Empire, la fit appeller Constantinople, de son nom, les Turcs l'appellent *Stambol*; son circuit est d'environ quatre lieuës, il y a dedans cinq mille Mosquées, toutes bien entretenues & bien rentées; plus de cent Hôpitaux, plusieurs Ecoles, mais il n'y a qu'un seul Coliége que l'on appelle *Tchegiane*, qui est entretenu aux dépens du Grand Seigneur, & gardé par des Eunuques blancs, on n'y fait d'autre étude que celle des Loix; on n'en sort jamais que pour servir la personne de l'Empereur, ou pour être Bacha ou Cadis. Elle a dix-huit portes, la campagne

d'abord voir l'Eglise de Sainte Sophie ; ce fut par une grace singuliere qu'on me permit d'y entrer ; les Turcs sont assez superstitieux pour imaginer que les Chrétiens profanent leurs Temples. Cet édifice est d'une beauté merveilleuse, & mérite bien d'être vû ; il y a au milieu un dôme fait avec tant d'art qu'il réflechit la lumiere comme une glace. On m'a assuré qu'autrefois cette Eglise étoit bien plus grande & beaucoup plus ornée qu'elle ne l'est ; & que le sanctuaire, auquel on n'a rien changé, se trouvoit précisément au milieu ; enfin, les Turcs en font tant de cas, qu'elle leur sert de modele pour bâtir toutes leurs Mosquées.

La situation de Constantinople est des plus belles, il semble que la nature a destiné le lieu où elle est bâtie, pour commander au reste du monde ; elle a devant elle l'Asie & l'Egipte, à sa droite elle a l'Afrique, avec laquelle elle est pour ainsi dire contigue, par la facilité

des environs est pleine de belles Maisons, dont les Jardins sont magnifiques.

On peut voir dans Strabon Historien & Géographe le détail des antiquités de Constantinople, qu'il seroit trop long de rapporter ici.

de naviger sur la Mer qui les sépare ; à sa gauche elle a le Pont Euxin, & les Palus Méodites ; ces Marais sont peuplés par cantons & coupés par plusieurs Fleuves qui viennent se décharger à Constantinople, ce qui fait un grand avantage à cette Ville, parce qu'étant très-fertiles on en apporte toutes les denrées dans des Bateaux. D'un côté, la Mer de Marmora baigne ses murs, & de l'autre le Pont Euxin : entre les deux murs est son Port, qui est le plus beau du monde ; enfin, elle a de si grands avantages que Strabon dit, qu'autrefois on l'appelloit la Corne d'Or, *cornu aureum*. La troisiéme partie de la Ville qui fait une angle est jointe au continent, souvent on diroit que c'est une presqu'Isle par le reflux des deux Mers qui l'enveloppe. Le point de vûe de Constantinople est des plus agréables, du milieu de la Ville on découvre les Montagnes d'Asie, couvertes en tout tems de neige. Ces deux mers sont toujours remplies de Poissons qui par un mouvement continuel monte & descend des Palus Méotides & du Pont, par le Bosphore & la Propontide : quelquefois il y est en si grande quantité, qu'on peut le prendre avec la main. La pêche des maquereaux, des plies, des meuniers & de plusieurs autres espéces de poisson, y est très-abondante. Les Grecs qui y demeurent en font pour ainsi dire leur occupation ordinaire, quant aux Turcs ils ne pêchent jamais, ils aiment cependant le poisson, mais ils veulent le trouver tout accomodé & servi sur la table, pourvû toutesfois que ce ne soit pas de celui qu'ils appellent immonde, duquel ils mangeroient moins que du poison ; comme des grenoüilles, des limaçons & des tortuës : pour ceux-ci ils aimeroient mieux s'arracher la langue & les dents, mourir de faim, que d'en gouter. Les Grecs bien moins superstitieux qu'eux en toute autre chose, le sont presqu'autant en ce point. Voici comme je l'ai sçû.

J'avois été obligé en arrivant à Constantinople de prendre un petit Grec, pour conduire mes gens par la Ville. Ceux-ci qui n'avoient point de scrupule pour les limaçons, en mangeoient souvent, & chaque fois ils faisoient mille instances au petit Grec pour l'engager à en manger : il refusoit constamment. Enfin, le Cuisinier un jour en prépara, de façon qu'on pouvoit facilement les prendre pour quelqu'autre poisson: le Grec s'y trompa; il en fit son dîner & les mangea avec une avidité étonnante ; vous sentez combien cette méprise excita ses camarades à rire, & à se moquer de lui; mais il ne s'en fut pas plûtôt apperçû qu'il entra dans une extrême fureur; d'abord il mit en piéce le pot dans lequel les limaçons avoient été cuits, il se retira ensuite dans sa chambre, dans laquelle il versa un torrent de larmes, faisant des efforts extraordinaires pour vomir. Il étoit inconsolable, & croyoit que ses gages de deux mois suffiroient à peine pour lui obtenir le pardon de son crime.

Ne pensez pas que je veuille vous dire que ce fut en distribuant, à titre d'aumônes, l'argent de ses gages, que cette pauvre idole comptoit mériter le pardon de sa prétendue faute, c'étoit pour acheter l'absolution : sçachez que les Prêtres Grecs font argent de tout. Ils ont un tarif pour les différens péchés qui en régle le prix de l'absolution, & ils ont tellement
accrédité

accrédité cette forte d'impôt, que ceux qui se confessent dans la bonne foi, ne se croiroient pas absous s'ils ne payoient ; mais comme il y a des fraudeurs de gabelle par-tout, on dit que ces Prêtres sont d'un grand zéle pour veiller sur les fautes que les fidéles pourroient faire en cette matiere : ils usent de précaution ; d'abord ils entendent la confession du pénitent, ensuite la morale, qui est toujours sévere dans son commencement, tempêtant contre l'énormité des crimes, les exagérant, la fin en est douce : c'est le compte fait au juste. On paye, & on est absous......
quelle disgression ! encore une fois je reviens à Constantinople.

C'est sur ce promontoire dont je vous ai parlé que le Palais des Empereurs est bâti. Je n'y ai pas encore entré, mais je crois que sans rien hazarder je puis vous dire qu'il est extrêmement beau ; les dehors en sont magnifiques, les ordres d'architecture, quoiqu'à la Turque & sans goût, y sont régulierement observés, tout annonce un Palais auguste ; au bas sont les Jardins qui paroissent être aussi d'une grande beauté : ils s'étendent jusqu'à la Mer : c'est-là où on dit que l'ancienne Bisance étoit bâtie. Dans la perspective de ces Jardins, de l'autre côté de la Mer, étoit la Ville des Calcedoniens : ce n'est plus aujourd'hui qu'une mazure. Mais n'allez pas vous imaginer qu'en vous parlant ici des Calcedoniens & de leur Ville je vous ferai leur Histoire, & que je vous dirai (*a*) pourquoi on les appelloit les aveugles, pourquoi la Mer dans cet endroit, est dans une agitation continuelle, paroissant avoir son flux sans reflux ; je ne vous parlerai pas non plus de cette espéce de poisson salé que l'on apporte ici des Palus Méotides, & que les Italiens appellent, *Moronellas*, *Botargas & Cavarium*. En vérité, ce ne seroit plus une Lettre que je vous écrirois,

―――――――――――――

(*a*) Les anciens Grecs ayant consulté les Oracles pour sçavoir le lieu où ils bâtiroient une Ville en Thrace, eurent pour réponse qu'ils devoient la bâtir *vis-à-vis du territoire des aveugles*, pour leur faire entendre les Calcédoniens, qui étant arrivés les premiers dans cette Contrée, avoient été assez aveugles pour s'établir de l'autre côté de la Mer dans un endroit désagréable, stérile, tandis qu'ils étoient les maîtres de prendre l'autre bord, qui est le lieu où est bâtie Constantinople.

ce seroit un Livre ; j'appréhende même d'avoir déja dans celle-ci passé les bornes qu'elle doit avoir ; au reste, si vous êtes curieux de sçavoir tout ceci, donnez-vous la peine d'ouvrir les Historiens anciens & modernes, ils vous en instruiront amplement.

Je ne puis me lasser de vous dire qu'il n'est rien de si beau dans le monde, & de si agréable que la situation de Constantinople. Quel dommage que cette Ville soit si mal bâtie, & qu'il n'y ait pas une seule belle place ! Mais comme je l'ai déja observé, les Turcs n'aiment pas les belles Maisons; il y a seulement quelques restes de ces vieux monumens que Constantin le Grand y avoit fait apporter de Rome, quoiqu'ils soient en très-petite quantité je craindrois de vous ennuyer, si je vous en faisois le détail, je vais vous parler de ceux qui m'ont paru les plus remarquables.

Dans l'ancien Carouzel on voit une colomne, au haut de laquelle sont deux serpens d'airain ; à l'extrêmité de la place est une obelisque (*a*) d'une

―――――――――――――
(*a*) Les obélisques sont des colomnes quar-

beauté admirable; on y voit encore deux colomnes fort anciennes; l'une est placée proche de l'endroit où j'étois logé, & l'autre est dans une place que les Turcs appellent, *Aratbasar*, c'est-à-dire, le marché aux femmes; celle-ci ressemble bien plus à un limaçon qu'à une colomne, elle est taillée en vis depuis le haut jusques en bas, au moins elle m'a paru telle, l'Histoire d'une action mémorable d'un certain *Archadius* y est gravée tout au tour, on dit que c'est lui qui l'a élevée, & que sa Statue a été placée dessus pendant fort long-tems. Celle qui est dans (*a*) la place opposée est de huit pierres de porphire, si bien jointes, qu'elles semblent n'en faire qu'une, ainsi que le Peuple le croit; d'ailleurs, elle est ceinte d'une guirlande de laurier qui tourne tout

rées ou rondes, mais finissantes toutes en pointe, & remplies de tous les côtés de caracteres hyéroglyphiques & mystérieux; ces especes de monumens étoient consacrés au Soleil, le premier obélisque fut élevé par un Roy d'Egypte vers l'an 1422. avant J. C.

(*a*) C'est dans cette Place que logent ordinairement les Ambassadeurs des Roys, ceux des Républiques ont leur Hôtel dans un autre quartier.

autour jusqu'au haut, & qui empêche que ceux qui sont au pied, n'apperçoivent la jonction des pierres. Les fréquents tremblemens de terre cependant l'ont tellement ébranlée, joints au dommage qu'elle a reçû d'un incendie arrivé tout auprès, que l'on a été obligé d'en resserrer les pierres qui s'étoient ouvertes, avec des liens de fer, appréhendant qu'elle ne tombât. On dit qu'autrefois on avoit mis dessus la Statue d'Apollon, qu'ensuite on y mit celle de Constantin, qu'après on y plaça celle de Theodoze le vieux ; ce qu'il y a de certain, c'est qu'il n'y en a aucune présentement; elles sont tombées succesivement ou par l'impétuosité des vents, ou par les tremblemens de terre, ou les Turcs les ont retirées... Voici une Histoire que quelques Grecs m'ont rapporté de l'obelisque dont je vous ai parlé.

Ils m'ont dit que cet obelisque étant tombé de dessus sa base, étoit resté long-tems par terre ; mais que sous le régne d'un des derniers Empereurs, il s'étoit trouvé un Architecte qui avoit entrepris de le remettre à sa place. Voici ce qui arriva: Cet homme avant de mettre la main à l'œuvre, commença par convenir de son salaire, ensuite il dressa toutes ses machines; mais après avoir fait ses derniers efforts il s'en falloit de deux doigts que l'obelisque ne fut assez élevé pour pouvoir être placé sur sa base, pour lors tous les spectateurs se mirent à faire mille éclats de rire mocqueurs; l'Architecte ne s'en intimida point, & voyant qu'il ne pouvoit réussir de cette façon se servit d'un moyen plus simple & plus naturel que son industrie lui fournit dans le moment. Il se fit apporter une grande quantité d'eau, dont il mouilla les cordes auxquelles l'obelisque étoit attaché & qu'elles tenoient suspendu, ces cordes ainsi mouillées se roidirent, se racourcirent, se resserrerent, & eleverent l'obelisque à la hauteur qu'il falloit; par-là il réussit, & mérita les applaudissemens de tout le Peuple.

J'ai encore vû à Constantinople plusieurs bêtes sauvages de différente espéce, comme des Linx, de ces espéces de Chats qui n'habitent que les Bois, des Pantheres, des Leopards & des Lyons, ceux-ci étoient si familiers & si bien aprivoisés, que leur maître ayant jetté en ma présence, à chacun une Brebis, ils souffrirent qu'il les leur retira de la gueule, se contentant d'un peu de leur sang avec lequel il leur frotta le nez.

J'ai vû encore un Elephant jeune & très-beau, mais celui-ci étoit un peu plus admirable que ces Lions. Il dansoit & jouoit à la paume. Je m'imagine que ceci va vous faire pâmer de rire. Quelle merveille direz-vous ? Un Elephant danser & jouer à la paume ; au reste où seroit le miraculeux ? Pline dit bien que Seneque en avoit deux, dont l'un dansoit sur la corde, & l'autre sçavoit fort bien le Grec. Mais écoutez un moment, ne me jugez pas encore menteur, ou n'allez pas vous imaginer des choses trop singuliéres ; je vais vous expliquer ce mystere. Lorsque le Maître de cet Eléphant lui disoit de danser, il remuoit les pieds les uns après les autres, & faisoit certains mouvemens qui dénotoient qu'il vouloit danser. Voici comme il jouoit à la paulme : sa trompe lui servoit de raquette, avec elle il recevoit la bale & la renvoyoit...

Si vous croyez que ceci ne soit pas suffisant pour que l'on puisse dire que cet Eléphant dansoit & jouoit à la paulme, pour moi je ne peux rien y ajouter, je laisse le soin à un autre de vous en faire une Histoire plus complette.

Il y avoit encore dans cette Ménagerie (a) un Giraffe, mais il s'étoit laissé mourir quelques jours avant que j'arrivasse ; je fus assez curieux pour le faire déterrer, cet animal est beaucoup plus haut du devant que du derriere, & semble n'être propre ni à porter un homme ni aucun autre fardeau.

Je me serois reproché ma paresse, & mon peu de curiosité, si étant aussi près du Pont que j'en étois je ne l'eusse pas vû, d'autant mieux que j'avois tout le tems qu'il me falloit pour en faire le trajet, & que je m'en étois formé une grande idée, par la difficulté que les anciens avoient eu de le voir, ils disoient qu'elle n'étoit

---

(a) Le Giraffe est de la grandeur du Chameau, & a la peau mouchetée comme celle du Tigre ou du Léopard, comme il tient de ces deux sortes d'animaux, les Latins l'appellent d'un nom composé *Camelopardalus*.

pas

du Baron de Busbec. 121

pas moins grande que celle d'aller à Corinthe (a): m'étant donc embarqué sous les plus heureux présages, j'arrivai à bon port.

La premiere chose que je vis fut les Maisons de plaisance du Grand

(a) Corinthe est une Isle de la Grece, elle étoit autrefois très puissante ; elle est située au territoire du Péloponese, entre le Golfe de Lepante & celui d'Angiar ; plusieurs Auteurs disent qu'elle fut bâtie vers l'an du monde 2616. elle a porté différens noms, celui qu'elle a retenu jusqu'aujourd'hui lui a été donné par Corynthus fils de Pelops.

Sisiphe & ses descendans ont été Roys de Corinthe jusqu'à ce que les Héraclides, issus d'Hercule, s'en soient emparés ; les Corinthiens ensuite se sont lassés du Gouvernement despotique ; ils ont détrôné leur Roy, & lui ont substitué un Magistrat annuel : cette forme de Gouvernement a subsisté jusqu'en 3908. & en ce tems les Romains la mirent sous leur puissance ; depuis la chûte de cet Empire, elle a été pendant quelque tems aux Vénitiens ; enfin Mahomet II. Empereur des Turcs la prit l'an 1458. & elle leur est restée.

De toutes ses antiquités on n'y voit plus que quelques colomnes d'un Temple consacré à Venus, & quelques restes du Palais où logeoit la belle Lais, c'est elle qui a donné lieu au proverbe ; mais s'il n'étoit pas permis à tout le monde de mouiller dans cette Isle, lorsque cette Courtisane y étoit dans le printems de ses beaux jours, il n'est pas permis non plus aujourd'hui à tout le monde d'en dire la raison.

Seigneur, qui sont fort belles; je remarquai sur la porte de la premiere l'histoire de la fameuse bataille de Soliman (*a*) avec Ismael Roy des Perses, sculptée en piéces rapportées avec tant d'art & de justesse, qu'il sembloit que cela fut naturel ; mais rien ne me parut plus beau que les promenades du Prince, ce sont des vallées charmantes, que la nature a pris soin d'embel-

---

(*a*) Ismael I. de ce nom, fils de Scheik-Haidar, & de la fille d'Usumcassan, rétablit le royaume des Perses en 1499. il ne vint à bout d'une si grande entreprise qu'en persuadant aux peuples qu'il descendoit d'Ali, gendre de Mahomet leur Prophête ; cette alliance lui fit porter la main à l'encensoir, il ajoûta ses pieuses réfléxions à l'alcoran, & trouvant dans celui-ci quelques Chapitres ou trop obscurs ou de morale trop sévere, il leur donna des interprétations qui les rendoient ou plus clairs ou plus faciles à pratiquer ; il insera à la fin de l'alcoran ses ouvrages & les proposa, les Perses reçurent avec respect cette réforme dans leur doctrine, & l'ont toujours observée depuis, c'est ce qui les a séparés des Mahométans Turcs, ces deux Nations se traitent maintenant *d'hérétiques* réciproquement.

Ismael après avoir soutenu de longues guerres contre les Turcs, mourut en 1522. les peuples lui donnerent le nom de *Sophi*, qui veut dire *sage*. Ses successeurs ont continué de se faire appeller de ce nom.

sir bien plus que l'art ; je fus si enchanté à la vûe de ces lieux si agréables, que je m'écriai : oüi c'est-là le séjour des Dieux ! la demeure des Muses ! c'est-là cette terre heureuse, qui ne devroit être que pour les hommes qui pensent, pour les vrais philosophes ! hélas ! quel dommage que de si beaux endroits ne soient pas habités par des peuples civilisés, je le répete encore, ils semblent en porter le deüil, mais ce n'est pas seulement le Pont qui gémit sous la barbare domination des Turcs, c'est Constantinople elle-même, ou plûtôt c'est toute la Grece, ce pays autrefois si florissant, qui joignoit au plus beau climat qu'il y ait sous le ciel, ces grands hommes dont la postérité doit à jamais respecter la mémoire, c'est d'eux de qui nous vient l'invention des arts, le goût pour les sciences & pour les belles Lettres ; ce sont eux qui nous ont polis & humanisés ; quelle est la force des droits que de si grands avantages ont acquis à ce pays sur le reste du monde ? La nature entiere ne devroit-elle pas se rendre sensible aux gémissemens qu'il semble faire, & lui donner du secours contre la férocité de ceux qui le tiennent captif ? c'est envain qu'il pousse des soupirs, les Princes Chrétiens, qui seuls pourroient le secourir, sont sourds à ses cris, d'autres soins les occupent, & en effet ; les fers que les Turcs font porter avec tant d'inhumanité à toute la Grece, sont-ils plus pésans que ceux dont nos vices nous chargent, tantôt c'est le luxe, le plaisir, la crapule qui nous dominent, tantôt l'orgueil, l'avarice ou la jalousie ; ceux-ci se plaisent dans les querelles, dans les contestations ; ceux-là ne respirent que haine & vengeance ; enfin ces vices tiennent tellement nos esprits enchaînés, que nous ne méditons rien de grand, rien de noble, nous rampons sur la terre, nos cœurs & nos yeux y sont attachés, & jamais nous ne pensons à les lever vers le Ciel.

Mais si la vertu & l'amour de la gloire ne peuvent nous animer & nous inspirer des sentimens plus nobles, au moins notre interêt, qui est aujourd'hui le premier & le principal motif de nos actions, devroit nous faire faire des efforts pour dépouiller cette nation du plus beau & du plus riche pays du monde, puisqu'elle se rend indigne de le posséder par sa barbarie. Nous fermons bien les yeux sur les dangers qu'il y a à traverser des mers immenses pour aller (*a*) dans les Indes & aux Antipodes; c'est que là, notre peu de courage ne s'arme point contre notre avarice, la proie s'offre d'elle-même, il ne faut point verser de sang, ceux que l'on dépouille sont des hommes foibles,

(*a*) Les Indes se divisent en deux, l'Inde Orientale, qui est une grande région d'Asie; l'Inde Occidentale, appellée communément l'Amérique. Dans l'Inde Orientale, il y a plusieurs Royaumes, celui de Bengale, de Siam, de Malaca, de la Cochinchine, & d'autres; c'est aussi dans l'Inde Orientale que sont les Etats du Grand Mogol. Les Portuguais sous le regne de Jean I. sont les premiers qui ayent découverts ce grand pays; les rivieres qui coupent & qui serpentent, l'Inde Orientale, portent à ses Habitans une grande quantité d'or, & la Mer leur jette sur ses bords quantité de perles & de pierres précieuses. V. Davity, Inde Orientale, il en dit des choses merveilleuses, & en fait un ample détail.

Antipodes est le nom que les Géographes donnent à cette partie de la terre, qui est distante de l'autre partie de tout le diamétre de la Sphère; l'une est dans la nuit, tandis que l'autre jouit du jour; les saisons & les heures sont contraires dans l'une & l'autre, elles ont la même elévation de pole, mais de pole opposé. V. Audiffret, Géographe, tom. 1.

simples, sans artifices; que dire ! c'est l'or que l'on cherche & non pas la gloire. Que nos peres pensoient bien différemment ! ce n'étoit pas l'amour du gain, la passion des richesses qui les faisoient courir au loin les armes à la main, ils laissoient ces sentimens aux ames communes, aux Marchands; c'étoit l'envie d'acquérir de la vertu, & par-tout où ils pouvoient donner du secours aux malheureux, & exercer leur charité, ils y voloient; l'honneur étoit la seule récompense qu'ils cherchassent dans les entreprises les plus périlleuses. En fut-il jamais un qui après une campagne retournât chez lui chargé d'or & d'argent? la gloire les précédoit, & les lauriers faisoient tout leur butin; mais que ceci ne soit dit qu'à vous, je sens que ces réfléxions ne seroient pas du goût de notre siécle, & je ne veux déplaire à personne, cependant je vois le danger près de nous, & si la gloire n'a pû nous faire prendre les armes, la nécessité pour défendre nos vies & notre liberté nous y contraindra.

Je reviens au Pont que les Turcs appellent *Caradenis*, c'est-à-dire Mer noire; cette Mer se divise en plusieurs petits bras, & va se décharger dans le Bosphore de Thrace ; celui-ci est si rapide que quoiqu'il fasse plusieurs tournans, on ne met cependant qu'un jour pour le descendre jusqu'à Constantinople, où il tombe dans la Propontide par plusieurs petits détroits.

Dans l'endroit où cette Mer noire se joint au Bosphore, on voit au milieu un rocher, sur lequel est assise une colomne avec sa base, on y lit encore le nom d'un certain Octavius Romain, qui est écrit en latin.

Sur le rivage est une Tour extrêmement élevée, au haut de laquelle est un fanal pour éclairer les vaisseaux qui passent, les Turcs appellent cette Tour Phare, (a) à quelques pas de-là il y a un petit fleuve qui va se décharger dans la Mer, sur les bords duquel nous avons ramassé des pierres qui n'étoient guères moins belles que les onix & les sardoines, si elles étoient bien taillées elles auroient autant d'éclat.

(a) C'est aussi le nom que nous lui donnons, il vient d'une Isle dans la basse Egypte que l'on appelle Phare, dans laquelle il y a une Tour, & toujours du feu au haut pour servir de guide aux vaisseaux qui passent.

Un peu au-dessus de l'embouchure de la Mer noire avec le Bosphore, on me montra le détroit par où (*a*) Darius fit passer son armée en marchant contre les (*b*) Scytes Européens.

(*1*) Darius I. de ce nom, fut élu Roy des Perses l'an du monde 3483. après avoir pris Babilone & fait plusieurs autres expéditions, il tourna ses armes contre les Scytes. Ceux-ci étoient entrés dans la Médie, & y avoient exercé toutes sortes d'hostilités; Darius les attaqua avec une armée de sept cens mille hommes, sans y comprendre une flotte de six cens voiles; il fit bâtir un Pont sur le Bosphore de Thrace pour passer dans la Scythie, cette expédition ne lui fut pas aussi heureuse qu'il se l'étoit promis, il y perdit beaucoup de monde; enfin il crût qu'il y avoit du danger de s'exposer en personne avec toutes les forces de son Empire, il s'en retourna en Perse, & laissa seulement quatre-vingt mille hommes, dont il donna le Commandement à Mégabise; ce grand Capitaine fut aussi heureux que sage, avec sa petite troupe, il battit les Scytes, les chassa de leur pays, & fit trembler toute la Grece par la rapidité de ses Conquêtes.

(*b*) Les Scytes étoient des gens robustes, d'une taille avantageuse, endurcis au travail & à la guerre, féroces, cruels, & peu propres à la société, même parmi ceux de leur Nation; ils ont resté long-tems sans avoir de demeure fixe, ils erroient dans les déserts, avec eux ils menoient leurs femmes, leurs enfans & leurs troupeaux; ils n'avoient aucun usage de

Au milieu environ des deux bras du Bosphore, il y a deux Forteresses, dont l'une est en Europe, & l'autre du côté opposé en Asie, les Turcs s'étoient rendu maitres de celle-ci long-tems avant qu'ils fissent le siége de Constantinople, & Mahomet ayant pris la premiere quelque tems avant d'entrer dans cette Ville, l'avoit fait fortifier de plusieurs Tours; * celle-ci sert de prison aux Captifs de distinction, c'étoit dedans que ces Barbares avoient mis *Lazare*, chef d'une flotte Espagnole qu'il conduisoit en Epire, & qui fut faite prisonniere avec lui; ils l'en retirerent à différentes reprises, sans qu'on ait pû en sçavoir la raison ; enfin ils le conduisirent dans une autre où il fut empalé tout vif. Le courage & la fermeté avec laquelle il souffrit de si grands tourmens surpasserent de beaucoup

l'or & de l'argent; ils étoient vêtus de peaux de bêtes sauvages, & n'étoient sujets à aucunes loix, cependant ils punissoient rigoureusement le larcin. V. Hérodote, liv. 6.

Busbec les appelle Scytes Européens, parce qu'ils étoient en Europe lorsque Darius vint leur faire la guerre.

* C'est celle que l'on appelle aujourd'hui la prison des Sept Tours.

la cruauté de fes bourreaux.

Vous vous attendez fans doute que je vous parlerai ici de ces Ifles ambulantes que l'on appelle (*a*) Cyanes ou Symplégades ; je vous avoue de bonne foi, qu'étant dans le lieu où on dit qu'elles faifoient leur demeure ordinaire, je n'ai rien vû qui leur reffemblât, peut-être y fuis-je refté trop peu de tems pour y faire attention, ou peut-être que dans ce tems-là même elles étoient allé camper ailleurs, mais donnez-vous la peine de lire *Pierre Gillius*, qui a fait une recherche exacte de toutes ces fortes d'Hiftoires, & vous fatisferez votre

---

(*a*) Cyanes ou Symplégades font deux petites Ifles que le voyage des Argonautes a rendu fameufes ; elles ont été nommées Planettes ou Errantes.

Ce n'étoit cependant à proprement parler que deux Rochers qui étoient féparés l'un de l'autre par un bras de mer large environ de vingt ftades ; ce peu de diftance fait que quand on s'en éloigne, il femble qu'elles marchent l'une à l'autre, qu'elles s'entrechoquent, & qu'elles fe joignent ; cette apparence a donné lieu aux Poëtes de feindre que les Argonautes coururent un grand danger en paffant ce Détroit, parce que pour lors les Symplégales étoient dans une grande agitation.

curiosité ; pour moi je me contente de vous dire en peu de mots ce que j'ai vû.

Je sortirai cependant de mon dessein, seulement pour vous faire remarquer combien (*a*) Polibe se trompe quelquefois dans ses observations. Il prétend avoir prouvé par des argumens invincibles, que l'entrée du Pont seroit dans la suite comblée par des bancs de sable & par le Limon que le Danube & (*a*) le Boristhene y entraîneroient, que l'on ne pourroit plus par consequent entrer dans le Port, & que les embarquemens que l'on feroit pour y aller, seroient totalement inutiles. Cependant la mer du Pont est aujourd'hui aussi navigable

(*a*) Polybe étoit né dans la Grece, à Mégalopolis Ville de l'Arcadie ; il fut envoyé en Ambassade à la Cour de Ptolomée Epiphane.

Les Sçavans font grand cas de son Histoire, elle contient tout ce qui s'est passé de remarquable depuis le commencement de la guerre Punique jusqu'à celle de Macédoine, ce qui renferme l'espace de 53 ans environ. Le Pape Nicolas a le premier publié ses œuvres.

(*b*) Le Boristhene, ou le Niéper, est un des plus grands fleuves de la Scythie, il n'est pas vrai que ce ne soit qu'un Lac, comme le dit Pline.

qu'elle l'étoit du tems de Polibe; ceci doit vous faire voir que souvent le tems & l'expérience nous fournissent des moyens pour réfuter des sentimens, qui d'abord paroissoient être sans replique; qui ne disoit pas autrefois que les terres qui sont sous (*a*) la Zone torride étoient inhabitables? il est néanmoins constant par le témoignage de ceux qui y ont voyagé, qu'elles sont autant peuplées que l'est notre hemisphere; les chaleurs n'y sont pas aussi grandes qu'on se l'imaginoit. Dans le tems que le soleil darde ses rayons le plus perpendiculairement, qui est le tems le plus chaud, pour lors il tombe des pluies en abondance qui rafraichissent & tempérent l'air, & le rendent soutenable.

A mon retour du Pont à Constan-

(*a*) Zone est une partie du globe terrestre, qui est diversement appellée selon la différente température de l'air que l'on y respire; on divise le globe en cinq parties, qui sont chacune une Zone; sçavoir la Zone torride, les deux Zones temperées, & les deux Zones glaciales. La Zone torride est sous l'équateur renfermée entre les deux tropiques, par conséquent le chaud y est excessif. V. Mallet, Description de l'Univers, ou Audiffret, Géographe, tom. 1.

tinople, je trouvai des ordres de Soliman, qu'il avoit addreſſés au Gouverneur de la Ville, il lui mandoit de me faire paſſer en Aſie, & que j'allaſſe le trouver à Amazia. Auſſi-tôt que le Gouverneur m'eut fait ſçavoir les intentions de ſon Maître, je fis préparer tout ce qui étoit neceſſaire pour mon voyage, on me donna des guides, & le 9 de Mars je partis pour (*a*) la Natolie.

Le premier jour de notre route, nous n'allâmes que juſqu'à Scutarie ; jadis c'étoit une Ville, ce n'eſt plus qu'un hameau, qui eſt bâti ſur la côte d'Aſie, vis-à-vis de l'ancienne Bizance ; on croit que c'eſt-là ou un peu au-deſſus, que les Calcenodiens bâtirent la Ville dont je vous ai parlé. Les Turcs ne voulurent pas paſſer outre, ils dirent que pour un premier jour de marche nos équipages avoient fait aſſez de chemin ; ils ajouterent une

(*a*) La Natolie eſt l'Aſie mineure, elle eſt bornée au Septentrion par le Pont-Euxin, au midi par la Méditerranée, à l'Orient par l'Arménie ; elle comprend le Pont, la Cappadoce, la petite Arménie, la Lycarnie, la Cilicie, la Pamphilie, & un autre petit pays ; elle eſt arroſée par l'Euphrate. La Natolie eſt ce qu'on appelle la Turquie en Aſie.

autre raison qui me parût bien meilleure, c'est que, disoient-ils, nous aurons moins de chemin à faire s'il faut retourner à Constantinople pour y chercher ce que nous pourrions nous souvenir d'y avoir oublié.

Le lendemain nous partîmes de Scutarie, & nous entrâmes dans des campagnes pleines d'aromates, qui exhaloient une odeur très-agréable; nous vîmes dans ces champs une grande quantité de tortues fort grosses, nous en eussions pris sans la crainte de déplaire à nos chers conducteurs; imaginez que si par hazard ces pauvres idiots en eussent touchés une, ou qu'ils eussent vû qu'on en eût servi sur notre table, je ne sçai s'ils auroient trouvé assez d'eau dans la plus grande mer pour se laver de la tâche dont ils auroient crû leur pieuse ame souillée, ainsi au moyen de leur superstition, qui est commune en cela aux Grecs, tout ce Pays est rempli de tortues, elles y croissent & se multiplient dans une paix que rien n'égale. Personne ne leur fait la guerre, & elles ne la font à personne; je ne pûs cependant m'empêcher d'en prendre une à cause de sa singularité, elle avoit deux têtes, (a) je ne la gar-

du Baron de Busbec. 135

dai vivante que deux jours, peut-être l'aurois-je conservée plus de tems si j'en avois eû plus de soin; nous allâmes coucher ce jour-là dans un Village que les Turcs appellent *Cartali*.

Ne soyez pas surpris si je vous nomme tous ces endroits où nous avons passé dans ce voyage, j'ai même dessein de les écrire, il pourroit arriver que dans la suite ce soin sera de quelque utilité, car je ne crois pas que personne de notre Nation ait fait le chemin de Constantinople en Asie.

De *Cartali* nous allâmes à (*b*) Ge-

[*a*] Ces sortes d'animaux ne sont pas rares, on en voit dans les Chats, les Chiens, les Veaux, l'Homme même.

[*b*] Gébise est l'ancienne Libissa, Ville de Bithynie, & peu éloignée de la Propontide; elle n'est pour ainsi dire connue que parce qu'Annibal le Grand y termina ses jours.

La Bataille de Zama qu'il perdit contre Scipion, l'obligea de se retirer en Asie; il essaya d'engager Prusias Roy de Bithynie dans la même guerre, mais ce Prince moins belliqueux que n'étoit Annibal, & plus ami des Romains qu'ennemi, rejetta ses propositions; pour lors, Annibal perdit toute espérance, il se retira à Libyssa, qui n'étoit en ce tems-là qu'un Château, & craignant que Prusias ne le trahît, & le livrât aux Romains, il s'empoisonna, & mourut.

bife, cette Ville a le plus beau point de vuë du monde ; d'un côté elle domine fur la mer, & de l'autre on voit à découvert Nycomedie & fes belles avenues de cyprès, qui font d'une groffeur & d'une hauteur extraordinaire. De Gebife, qui étoit la quatriéme journée de notre marche, nous allâmes à Nycomedie, Ville autrefois très-celébre & fort ancienne ; je n'y vis rien de remarquable, excepté des ruines & des morceaux de quelques colomnes qui confervoient encore des reftes de leur ancienne beauté ; fa Citadelle, qui eft bâtie fur une colline, fubfifte dans fon entier. On me dit que quelque tems avant que nous y arrivaffions, on avoit trouvé enfeveli dans la terre une longue fuite d'un mur de marbre blanc, je crois que c'étoit les démolitions du Palais des Roys de Bithinie.

(a) De Nycomedie nous allâmes

[a] Nycomédie eft dans l'Afie, elle a pris fon nom de Nycomede Roy de Bithinie, elle portoit autrefois celui d'Olbia, parce que la Nymphe de ce nom en avoit jetté les premiers fondemens ; cette Ville eft fort grande & bien peuplée ; il y a dans prefque toutes les ruës des colomnes fur lefquelles

dans

dans un hameau que l'on appelle *
Kazocli; pour y arriver nous fûmes
obligés de grimper sur le sommet d'u-
ne montagne, derriere laquelle il est
situé. De-là nous allâmes (a) à Nicée,
il étoit près d'une heure après minuit
quand nous y arrivâmes, & ce ne fut
pas sans peur : Voici l'histoire.

A une demie lieue environ de la

on voit encore des Inscriptions du tems des
Romains.

* Kazocli, ou dans la Langue Françoise
Kars, a pris son nom de la riviere de Kars
qui en est proche ; c'étoit autrefois une très-
grande Ville, mais qui a toujours été mal
peuplée. Busbec a raison de dire que ce n'est
plus qu'un hameau ; c'est-là le rendez-vous
que le Grand Seigneur donne à ses Troupes,
quand il va faire la guerre aux Perses.

[a] Nicée que les Turcs appelent aujour-
d'hui *Isnich*, est une Ville ancienne de Bythinie ; plusieurs Auteurs croyent qu'Antigonus
Roy d'Asie l'a fondée, & cela parce qu'elle
a porté le nom d'Antigona. Celui de Nicée
lui a été donné par Nicea femme de Lyma-
ficus, l'un des successeurs d'Antigonus ; cette
Ville est célebre par les deux Conciles généraux qui s'y sont tenus, l'un en 325. sous le
Pontificat de S. Sylvestre, & ce fut pour
condamner Arius & sa Doctrine ; l'autre en
787. sous le Pape Adrien I. contre les Ico-
noclastes. Cette Ville est grande, on y voit
encore beaucoup de restes de l'antiquité
Payenne & Chrétienne.

Tom. I.   M

Ville, j'entendis un grand bruit qui me sembloit être celui que des hommes font quand ils sont en dispute & qu'ils en viennent aux mains; je demandai à nos Turcs ce que c'étoit, d'abord je crûs que c'étoit quelque embuche, ou comme nous étions proche de la mer, que ce pourroit être aussi des Matelots qui se mocquoient de nous, ou qui vouloient nous effrayer, parce que l'on n'est pas accoutumé dans ce Pays de marcher pendant la nuit : voyez comme je me trompois, les Turcs me dirent que c'étoit l'hurlement de certains animaux qu'ils appellent *Ciacales*. Ces *Ciacales* sont une espece de loups, dont la grosseur tient un milieu entre celle du renard & du loup commun ; ils ne le cédent point aux uns & aux autres en finesse & en voracité, ils marchent toujours par bandes, & n'attaquent jamais les hommes ni les grands troupeaux, c'est par ruse & non par force qu'ils cherchent de quoi vivre ; aussi les Turcs appellent-ils *Ciacales* tous les Asiatiques & tous les autres hommes par qui ils ont été trompés. Souvent ces animaux passent la nuit ou dans les cabanes ou dans les maisons dans lesquelles ils se glissent si adroitement, que l'on ne s'en apperçoit pas non plus que de leur sortie; là ils mangent tout ce qui leur tombe sous les dents, & lorsqu'ils ne trouvent point de chair, ils rongent les souliers, les bottes, le fourreau de l'épée & le ceinturon. Leur adresse à voler est sans égale; il arrive cependant quelquefois qu'ils se trahissent eux mêmes : voici le cas : un de la troupe sera dehors pour faire la garde, tandis que les autres sont ou dans la bergerie ou dans la maison; si quelqu'un passe, & que la sentinelle entende du bruit, il se met à hurler pour avertir, les autres occupés de leur larcin, sans penser qu'ils sont au milieu des ennemis, lui répondent & hurlent aussi, pour lors tout le monde se reveille, chacun court aux armes, & on fait un très-mauvais parti à ces voleurs publics.

Ce ne fût donc qu'une fausse allarme ; nous arrivâmes à Nicée sans qu'il nous survint d'autre peur après celle-ci, nous y séjournâmes, & je crois avoir logé où s'est tenu un des deux Conciles Généraux de ce nom. Cette Ville est située sur les bords d'un fleuve, que l'on nomme (a) Ascagne,

[a] Ascagne Yulus étoit fils d'Enée, il a

ses fortifications subsistent encore, & ses portes sont bien fermantes ; il n'y en a que quatre, & que l'on voit du milieu de la Place, sur lesquelles il y a de vieilles inscriptions en latin, qui dénotent que c'est l'Empereur Antonin * qui l'a fait rétablir. Il y a encore quelques restes de ces beaux bains que l'on prenoit dans l'eau chaude ; je fus curieux de les voir, & lorsque j'y allai, j'y trouvai des Turcs qui les creusoient pour en arracher une grosse pierre qui devoit servir à une mosquée que l'on bâtissoit à Constantinople ; ils trouverent en ma présence la statue d'un Soldat tout armé, qui n'avoit rien perdu de sa beauté ; mais à peine ces hommes grossiers l'eurent-ils sortie de la fosse, qu'ils la briserent à coups de marteaux ; je

fondé la Ville & le Royaume d'Albe la Longue, il a aussi donné son nom à plusieurs fleuves, comme à celui-ci.

* Il est vrai que l'Empereur Antonin a fait réparer quelques Villes ruinées, dans l'Orient, en Afrique, & dans les Gaules, mais après avoir consulté presque tous les Historiens de ce tems, je n'ai trouvé dans aucuns qu'il en ait fait réparer dans l'Asie. Busbec probablement n'a pas lû avec assez d'attention ce inscriptions, & il se trompe.

du Baron de Busbec. 141

leur en fis des reproches si vifs, qu'ils me répondirent quelques injures, & d'autres me tournerent en ridicule, me demandant d'un ton railleur si j'aurois voulu adorer cette statue, ainsi que c'étoit la coutume parmi les Chrétiens.

De Nicée nous allâmes (*a*) à Jenizar, de Jenizar à Ackbyuck, de-là à Bazargyk, de Bazargyk à Bosovick, qui est situé dans une gorge très-étroite d'une montagne ; depuis Nicée jusque-là, c'en est une chaîne continuelle, nous logeâmes là dans un Hôpital ; au-dessus de la Ville on voit une fort grosse pierre creusée en quarré, au fond de laquelle il y a des canaux qui aboutissent au grand chemin. Les anciens Habitans du canton remplissoient de neige autrefois pendant l'hyver cette espece de citerne, qui venant à se fondre en été, désalteroit les passans.

Les voyageurs devoient sçavoir bon gré à ceux qui par cette industrie avoient trouvé lieu de suppléer à une fontaine qu'ils auroient désirée en vain ;

[*a*] Plusieurs Géographes croyent que Jénizar est l'ancienne Pella, qui fut le lieu de la naissance d'Alexandre le Grand.

mais je ne pense pas que leur reconnoissance dût être aussi grande que les Turcs se l'imaginent, ils croyent que ces sortes de secours, qui sont en eux-mêmes de peu d'importance, sont au contraire de grandes charités ; il leur suffit qu'ils soient pour le public, dès-lors ils s'en font un très-grand merite.

Assez près de-là sur la droite, on voit Ormanlik, c'est un Château où se retira cet *Ottoman*, qui a donné son nom à la Maison Ottomane, & qui l'a si fort illustrée par beaucoup de belles actions.

De ces détroits où nous marchions depuis plusieurs jours, nous descendîmes dans des plaines très-vastes, désertes, sans Villages ni maisons; après que nous y eûmes marché tout le jour, je fus obligé de faire tendre ma tente, & je passai la nuit dessous. Je ne trouvai que ce moyen pour me garantir un peu des chaleurs qui sont excessives dans ce Pays ; le lieu où nous campâmes cette nuit-là, s'appelle *Chiausada* ; je vis à quelque distance de notre quartier une maison bâtie sous terre, qui ne reçoit de lumiere que par la cave.

C'est dans ces plaines que sont ces chevres, dont le poil sert à faire les camelots undés, il est extrêmément long, très-fin & reluisant; les bergers ne le tondent point, ils peignent seulement leurs chevres, & on file ce qui tombe de leur toison; souvent on les lave, elles ne paissent que du chiendent, qui est la seule herbe qui croît dans ces campagnes séches & steriles. Il est certain que cette espece de pâture contribue beaucoup à la finesse de leur poil; on a éprouvé qu'après en avoir conduit ailleurs, le changement de nourriture en avoit aussi apporté dans leur toison, & que les pêtits qui y naissoient, paroissoient être d'une espece differente de celle de leurs meres. Les femmes qui filent ce poil, le portent vendre à Ancyre.

C'est encore dans ces plaines où sont ces sortes de brebis, dont la queuë est si grosse & si grasse, que l'on en trouve du poids de trois livres, de quatre, quelquefois de huit & de dix. Celles qui sont vieilles l'ont si pesante, que l'on est obligé de la mettre sur une planche, à laquelle il y a deux petites roues sur un aissieu, afin qu'elles puissent la trainer, ne pouvant la porter. J'imagine que vous aurez de la peine à me croire, cependant je n'exagere rien (*a*); tout le prix de ces queuës est dans la graisse qu'elles ont, la chair en est dure & sans goût.

Les bergers qui conduisent ces troupeaux passent les nuits comme les jours dans les champs, ils menent avec eux leurs femmes & leurs enfans dans des charretes qui leur servent de maison; quelques-uns ont cependant des petites tentes, ils errent ainsi au loin & se répandent avec leur fortune, tantôt ils vont dans des plaines, tantôt ils montent sur des côteaux, tantôt ils descendent dans les vallées, la saison & l'abondance des pacages reglent leur marche & décident de leur domicile.

J'ai vû dans ces cantons des oiseaux qni m'étoient inconnus jusqu'alors, parmi lesquels il y avoit de cette espece de canard que l'on dit avoir un cri semblable au son d'une trompette, il est vrai qu'ils imitent cet air que l'on est accoutumé de sonner lorsque

[*a*] Ce fait est constaté par plusieurs Auteurs; voyez le Pere Labat, Jésuite, Tavernier, Paul Lucas, & beaucoup d'autres.

l'armée

l'armée marche en ordre de bataille.

Cet oiseau est sans aucune défense, & cependant si hardi & si courageux que les Turcs se sont figurés qu'il donnoit de l'effroi aux diables, & qu'il leur faisoit prendre la fuite ; il est grand ami de la liberté, rien ne lui plait où il ne la trouve pas ; quoiqu'on l'eût nourri pendant trois ans dans une basse cour, à lui faire faire une chere de Commissaire, il s'envoleroit encore après, si on lui en laissoit le pouvoir, il courreroit dans les marais goûter le plaisir que la frugalité dans sa patrie donne bien plus que l'abondance dans des terres étrangeres.

De *Chiaufada* où nous avions campé, nous allâmes à *Karaly*, delà à *Hazdengry*, ensuite à *Mazotthoy* où nous passâmes le fleuve Sangar pour entrer en Phrigie ; le premier endroit de cette Province où nous couchâmes fut à *Mahatli*, delà nous allâmes à *Zugli*, de *Zugli* à *Chilancyck*, à *Jalmchich*, à *Potughin*, & enfin nous arrivâmes (*a*)

[*a*] Ancyre dans la Galatie, est située près de la Montagne d'Angouri ; c'est dans les plaines d'Ancyre que Pompée défit Mytridate Roy de Pont, & que Tamerlan Empereur des Tartares battit & fit prisonnier Bajazet I. ou

à *Ancyre*, que les Turcs appellent *Angur*, nous y restâmes un jour pour nous reposer des fatigues que les grandes chaleurs nous donnoient plus que la route ; le chaud étoit si vif, que nous ne pouvions faire dans le jour que très-peu de chemin, ce qui chagrinoit assez nos conducteurs ; ils avoient appris que l'Ambassadeur du Sophi de Perse étoit aussi en chemin pour aller vers Soliman, & la curiosité sans doute étoit ce qui leur faisoit désirer que nous arrivassions assez tôt pour voir l'entrée de cet Ambassadeur.

Dans tous ces Bourgs & petites Villes où je viens de vous dire que nous avions passés, nous n'y avons rien vû de bien beau & de bien curieux ; je me suis cependant arrêté dans tous pour y examiner des morceaux de colomnes & des vieilles pierres que j'ai trouvées dans les cimetieres. On voit encore sur quelques-unes des restes d'inscriptions en grec

_____

connoît encore cette Ville sous le nom d'Angouri ; il s'y est tenu plusieurs Conciles ; le premier est de 314. les Canons de ce Concile appellent la Ville *Anquiram*, ce qui revient assez au nom d'Angouri ; ceci prouve même que dès ce tems-là elle le portoit indifféremment avec celui d'*Ancyre*.

& en latin, mais si fortement mutilées, qu'il n'est pas possible de les lire; c'étoit là à quoi je me récréois lorsque nous étions arrivés dans l'endroit où nous devions coucher; quelquefois j'allois reconnoître des plantes rares.

Ne croyez pas que c'est par hazard que ces pierres se trouvent dans les cimetiéres des Turcs, ils les y portent pour en couvrir les fosses dans lesquelles ils mettent leurs morts, de peur que les loups, les chiens & (*a*) les hyenes ne les mangent, ce qu'ils pourroient facilement faire sans ces grosses pierres, parce qu'ils ne les couvrent point de terre; la raison qu'ils en apportent est originale: ils disent, qu'après qu'ils sont morts & placés dans ces fosses, le bon & le mauvais Ange se rendent auprès de leurs cadavres: celui-ci pour accuser le mort en lui demandant un compte se-

[*a*] Pline dit que la Hyene est un an mâle, & l'année suivante fémelle; il est surprenant que Busbec n'en dise rien. Bellonus se trompe en disant que la Hyene est cet animal que les Turcs appellent Matou; le nom au contraire qu'ils lui donnent est *Zirılan*.... Cette derniere remarque est de l'Auteur, je l'ai jugée mieux placée ici qu'à la suite de l'Histoire.

vere des actions de fa vie, & l'autre pour le défendre & réfuter les mauvaises raisons de l'ennemi; mais avant que ces deux Anges discutent chacun leurs droits, il faut que le défunt dise le bien & le mal qu'il a fait, & c'est pour parler plus commodément qu'ils ne le couvrent point de terre, ayant par-là la liberté de s'asseoir. Voilà encore une de ces sortes de rêveries que je ne vous raconte qu'à dessein de vous faire rire.

C'est avec beaucoup de raison que les Turcs prennent ainsi le soin de couvrir leurs tombeaux, encore est-il quelquefois inutile; ces hienes (qui sont très-communes en Asie) sont si voraces, qu'elles creusent par-dessous la pierre, & qu'elles emportent les cadavres, ce qui se voit par la quantité d'ossemens humains que l'on trouve à l'entrée de leur taniere, mêlés avec ceux de plusieurs animaux : je vais vous dire ce que c'est que cet animal.

La hyene est un peu moins haute que n'est le loup, mais elle est aussi allongée de corsage, elle a la peau presque semblable, excepté qu'elle est mouchetée de noir, son poil est un peu plus long & plus hérissé; elle n'a ni col ni vertebre, elle porte la tête immediatement après l'épine du dos, ce qui est cause que lorsqu'elle veut regarder à droite ou à gauche, elle est obligée de tourner tout le corps. Pour dents, elle n'a qu'un seul os à chaque machoire, dont le tranchant est égal à celui d'un rasoir. Les Turcs croyent, ainsi que les anciens Auteurs le croyoient, que cet animal a la vertu de faire naître de l'amour dans un homme pour une femme de laquelle il est aimé sans retour de sa part, ou dans une femme pour un homme ; il est certain que l'on refusa de m'en vendre deux que je trouvai à Constantinople après mon retour d'Amasie, me disant que la Sultane les avoit retenues, parce qu'elle avoit besoin de rechauffer les amours de Soliman, qui se refroidissoient un peu pour elle.

Voici encore une extravagance du Peuple Turc, de laquelle je crois qu'il vous sera permis de rire à tous égards; ces bonnes gens disent que la hiene entend leur langue, & que s'ils ne l'entendent pas, c'est qu'elle parle le langage des anciens. Cette faculté dans la hiene lui est funeste, si elle n'étoit que féroce, & qu'elle ne fût pas douée de cette intelligence, elle ne prêteroit pas l'oreille aux discours trompeurs des Turcs, & cette ruse dont ils se servent pour la prendre, seroit au moins inutile.

Plusieurs chasseurs s'assemblent à l'entrée de la caverne de l'animal : l'un d'eux entre l'épée à la main & avance, aussi-tôt qu'il apperçoit la hiene, & qu'il croit en être apperçu, il se met à crier, *joctur, joctur, ucala*, comme s'il disoit, je ne la trouve point, elle n'y est pas, retirons nous ; pour lors la hiene qui entend ces discours (selon eux) croit de bonne foi n'être pas apperçuë, elle reste tranquile, ne cherchant point à se mieux cacher ou à fuir, le chasseur avance toujours, se plaignant de l'inutilité de ses pas, il tourne la bête & lui attache une corde au pied sans qu'elle s'en apperçoive ; il retient un bout de la corde & s'en va, continuant de dire *joctur, joctur* ; dès qu'il est dehors, il éleve la voix, & crie la hiene est dedans, je me suis trompé, elle y est sûrement. Cet animal sort aussi-tôt avec une fureur extrême & veut prendre la fuite, mais à l'entrée il se trouve arété par la corde que les chasseurs tiennent, & alors ils la tuent ou la gardent vivante. Je ne vous parlerai plus de la hiéne, je crois vous en avoir dit assez pour vous faire pâmer de rire.

Dans tous ces petits endroits où nous passions, nous trouvions une grande quantité de medailles frappées sous le regne des derniers Empereurs Romains, les unes sous celui de Constantin, de Constance, de Justin, de Valence, de Valantinien, de Tacite, & quelques-unes sous celui de Probus. Les Turcs s'en servent pour faire des poids, comme des dragmes, ils les appellent les écus des Payens & des Infidéles; nous en trouvâmes beaucoup qui representoient (a) les Villes

[a] Sinopie est dans la Natolie sur la Mer noire, c'est-là où naquit Diogène le Cynique; il y a aussi Sinope, qui est dans la Paphlagonie, sur le Pont-Euxin, l'une & l'autre s'appellent en latin *Sinope*, c'est de la premiere dont parle Busbec.

Amastris est une Ville de Bithinie; il y a encore une autre Ville nommée aussi Amastris, ou Famastro, qui est de l'exarcat du Pont dans la Paphlagonie, Amastris femme de Denys d'Héraclée l'a fait bâtir, & lui a donné son nom; c'est de la premiere dont Busbec parle.

Cumes est la Ville des Locriens dans l'Asie

de Sinopi, d'Amisis, de Cumes, d'Amastris & de plusieurs, sur lesquelles étoit une petite Carte Géographique de l'Amasie. Ces médailles me donnerent occasion de m'emporter vivement contre un Ouvrier en cuivre; je lui demandai s'il n'en avoit pas à me vendre, il me répondit que non, mais que si j'étois venu quelques jours plûtôt il m'auroit satisfait, que sa cour en étoit pleine, & qu'il en avoit fait des chaudrons, croyant que c'étoit-là le seul usage qu'il pût en faire, n'esperant pas de les vendre; pour me venger de la perte de tant de belles antiquités, je dis au Chaudronnier que j'étois fâché de cet accident, autant pour l'amour de lui que pour moi-même, qu'il considérât la perte qu'il avoit faite, puisque s'il lui en restoit encore quelques-unes j'allois lui en donner cent écus d'or; ce discours généreux le mit à la tor-

---

mineure, c'étoit autrefois la plus grande de toutes les Villes Eoliques; elles étoient au nombre de trente. Cette fameuse Sibille qui passa en Italie dans la Campanie, étoit de cette Ville, & s'en fit un surnom; il y a aujourd'hui cinq autres Villes dans différens pays, qui s'appellent comme celle-ci Cumes.

ture, j'eus le plaisir de voir sur son visage l'effet des remords dont son avarice tourmentoit son ame, & je le quittai de plus mauvaise humeur qu'il ne m'avoit mis.

J'étois fort attentif aussi à chercher des plantes, mais j'en trouvai peu d'inconnues ; toutes sont presque semblables & de même espece que celles de notre Pays. Il y a lieu de croire que le terrain est aussi semblable au nôtre ; je sçavois que (*a*) Dioscoride a dit que (*a*) l'*Amomum* venoit dans le Pont, nous en avons cherché avec grand soin, mais nous n'y en avons point trouvé ; peut-être y en avoit-il autrefois, & il est très-possible que cette plante par la maigreur de la terre

[*a*] Il y a eu deux Dioscorides, & tous deux Médecins, le premier étoit surnommé Phocas, & il fut le Médecin d'Antoine & de Cléopatre ; l'autre avoit pour surnom Pédacius, il vivoit sous le regne de Néron ; l'un & l'autre ont laissé des écrits, cependant il est à croire que c'est du dernier dont Busbec parle, parce qu'il s'est adonné spécialement à la connoissance des simples ; le Traité qu'il en a laissé est intitulé : *De Materiâ Medicâ*.

[*b*] L'Amomum est une plante odoriférante qui ressemble à la vigne sauvage, ses fruits sont semblables à une grappe de raisin. *Plin.* l. 12. c. 12.

soit dégenerée & anéantie tout-à-fait.

Enfin le dix-neuvième jour de nôtre départ de Constantinople, nous arrivâmes à Ancyre ; c'est là ou s'établirent les anciens Gaulois, à qui Pline & Strabon donnent le nom de Tectolages. Ce qui existe aujourd'hui de cette Ville n'en est qu'une très-petite partie, presque tombée en ruine. Ce que nous y vîmes de plus curieux, est (a) une grande inscription des actions

[a] Sur l'inscription dont parle Busbec étoient sans doute écrits tous les évenemens de la guerre qu'Auguste fit à Antoine qui commandoit en Asie, & qui s'étoit lié avec la belle Cléopatre Reine d'Égypte ; peut-être y avoit-il aussi la bataille d'Actium, dans laquelle Antoine fut défait. Cette guerre & les victoires remportées sur Antoine sont les actions les plus illustres de la vie d'Auguste ; il paroît très probable que les Habitans d'Ancyre ayant mis leur Ville sous la protection de cet Empereur n'auront pas cherché quelqu'autres de ces actions pour en faire des monumens qui justifiassent les honneurs qu'ils lui déféroient, tandis que celles-ci s'étoient passées dans leur pays, presque sous leurs yeux. Bayle appelle cette inscription *Monumentum Ancyranum*. *Ce seroit*, dit-il, *la plus curieuse & la plus instructive des inscriptions de l'antiquité* ; il ajoute que l'on y verroit une liste exacte de toutes les actions d'Auguste.

On peut douter avec raison de cette derniere observation. Bayle ne faisoit pas atten-

d'Auguste, les plus mémorables ; j'ai fait écrire avec soin tout ce que nous avons pû en lire : les premieres lignes font toutes entieres & très-lisibles, celles du milieu fon interrompues par des lacunes ; quant à celles du bas, il n'est pas possible d'y rien connoître, on y a donné des coups de hache & de pieu, qui ont tellement mutilé les caracteres, qu'il n'y paroît presque plus rien d'écrit. Quelle perte pour les Belles-Lettres ! Ne seroit-ce pas avec raison que les Sçavans se plaindroient de la barbarie & de la malice de ceux qui ont privé la posterité de si beaux monumens ? Ceci interesse particulierement les Asiatiques, parce que cette Ville fut offerte & mise sous la protection de cet Empereur par toute l'Asie. Cette inscription est attachée à la porte d'un vieux édifice, qui étoit, à ce que je crois, le Prétoire ; il est totalement ruiné, & n'a plus de couverture, ses murs sont de marbre ; il est partagé en deux avec tant d'égalité, qu'il s'en trouve en entrant une moitié à droite, & l'autre moitié se trouve sur la gauche.

tion en avançant ce fait, que Tite Live, Saluste & Suétone en ont remplis des volumes.

C'est à Ancyre où on fabrique & où on teint l'étoffe faite du poil de chévres dont je vous ai parlé ; on lui donne le nom de Cymaise , parce qu'elle est ondoyée ; les ondes qui sont représentées dessus en font tout le mérite dans l'estime des Turcs ; si elles sont petites ou de grandeurs inégales , quoique la couleur soit belle, l'étoffe perd son prix de deux ou trois écus.

Elle est très-estimée dans tous ces Pays , sur-tout à Constantinople, tous les chefs de famille en sont presque vêtus ; l'Empereur même ne prend jamais plus de plaisir à se regarder que lorsqu'il en a une robe, il la porte ordinairement de couleur verte ; son goût en cela est bien différent du nôtre, au moins de celui de notre tems ; mais les Turcs ont des raisons particulieres pour préférer cette couleur à tout autre. L'Alcoran & le Grand Mahomet leur en font un précepte, il ne faut pas s'en étonner, ce saint homme sur ses vieux jours étoit toujours vêtu de verd.

Les Turcs regardent le noir comme une couleur vile & de mauvais augure, ils prendroient, sans croire se tromper, celui qui auroit un habit noir, ou pour un mal propre, ou pour un homme de la plus vile populace, ou pour être dans la dernière misere ; de façon que chaque fois que j'allois voir les Bachas étant en habit noir, ils ne manquoient jamais de me marquer leur étonnement de me voir de si mauvais goût, quelquefois même ils se plaignoient fort sérieusement ; ils estiment aussi beaucoup la couleur de pourpre, cependant ils en portent rarement, parce qu'ils disent qu'elle est le présage d'une sanglante guerre. Le blanc, le jaune, le bleu, le violet & le petit gris, sont pour eux des simboles de paix & de félicité. Il faut que vous vous imaginiez qu'ils sont si superstitieux, que les choses les plus simples, & d'usage, sont des augures pour eux. Il est quelquefois arrivé que la chûte d'un cheval a fait déposer des Bachas, estimant que ce cheval tombé, étoit les présages de quelques grands malheurs dont la Nation étoit menacée, & pour les détourner, ils offroient aux Destins la disgrace ou la vie de ces particuliers.

Après avoir donc resté un jour à Ancyre, nous en partîmes pour entrer dans un canton que l'on appelle *Bali-*

gazar, de-là nous passâmes par celui de *Zarekuct* ; ensuite nous allâmes à *Zermeczii* ; à quelque distance de-là nous trouvâmes le fleuve Halys, que nous côtoyâmes jusqu'au pays d'Algée. Nous vîmes sur cette route les montagnes de Synope, qui nous parûrent très-proches de nous, quoiqu'elles en fussent fort loin, c'est là le fleuve (*a*) Halys au passage duquel l'Oracle avoit attaché la décadence & le terme de l'Empire des Perses, mais Cresus qui étoit annoncé pour être le foudre de cette grande expédition, fut au contraire vaincu lui-même par les Perses.

Il y a sur les bords de ce fleuve un petit bois, que nous prîmes d'abord pour être d'arbrisseaux étrangers, je reconnus en avançant auprès, que ce n'étoit que de la réglisse, nous en arrachâmes, & nous nous repûmes amplement du suc de ces racines ; un peu plus loin nous rencontrâmes un

[a] L'Oracle effectivement ne s'accomplit point ; ce fut au contraire Cyrus qui transféra le Royaume des Medes aux Perses, qui vainquit Cresus, & mit la Lydie sous sa puissance ; le fleuve Halys prend sa source dans le Mont Thaurus, il serpente la Cappadoce, la Syrie, la Paphlagonie, & va se jetter dans le Pont-Euxin.

payſan, à qui je fis demander par mon interpréte s'il y avoit beaucoup de poiſſon dans le fleuve, & de quelle machine on ſe ſervoit dans le pays pour pêcher; il répondit, qu'il y en avoit beaucoup, & qu'il étoit impoſſible de le prendre; ceci nous parut étonnant, mais le Payſan pour nous retirer de notre ſurpriſe, nous dit bonnement, que lorſque l'on mettoit la main dans l'eau, auſſi-tôt le poiſſon fuyoit, & ne ſe laiſſoit jamais prendre; un autre nous fit à peu près la même réponſe touchant quelques oiſeaux étrangers que nous avions vû dans ce pays; je demandai à celui-ci comment on les prenoit, il me répondit, que cela n'arrivoit jamais, ou du moins qu'il en ignoroit le ſecret, que ſeulement il ſçavoit que ces oiſeaux étoient accoutumés de s'envoler dès que quelqu'un s'approchoit d'eux.

Nous fîmes voir au premier que l'on pouvoit prendre le poiſſon avec autre choſe que la main. Zay l'un de mes collégues, avoit dans un de ſes coffres un filet qu'il fit auſſi-tôt préparer, & qu'il jetta dans l'eau, il ſe trouva plein, & dans le nombre il y avoit un Esturgeon, sorte de poisson très commun dans le Danube ; nous prîmes encore beaucoup d'écrevisses, presqu'aussi grosses que le sont celles de mer, pour lors les Turcs qui étoient avec nous ne pouvoient se lasser d'admirer notre adresse ; mais quoi ? direz-vous, est-ce qu'il n'y a point de Pêcheurs en Turquie ? pardonnez-moi, mais ils sont en très-petit nombre dans le canton où nous étions.

Cette pêche me fait souvenir d'une simplicité de nos Turcs que je vais vous raconter. Nous prîmes dans un autre endroit une quantité prodigieuse de petits poissons, bien moins gros que ne le sont les Eperlans ; cette pêche les fit rire aux larmes, ils se demandoient les uns aux autres, en se mocquant de nous, s'ils pourroient manger de si petits poissons ; ils ne peuvent, disoient-ils, nous être d'aucune utilité, il faut les rejetter dans la mer ; ils ne faisoient pas attention, ces pauvres insensés, que cette grande quantité de petits poissons cuits ensemble équivaloient à de plus gros, qu'on en remplissoit de grands plats, & qu'avec le grand nombre

nombre on pouvoit rassasier beaucoup de monde.

Il ne faut cependant pas s'étonner de ce que les Turcs ignorent la cuisine, & tout ce qui en dépend ; ils sont sobres à l'excès, & peu sensuels sur les mets ; s'ils ont du sel, du pain, de l'ail, ou un oignon avec un peu de lait aigre, ils ne demandent rien de plus, ils en font un ragoût, duquel (*a*) Galien parle beaucoup ; (ce qu'il appelle l'oxigal, & que les Turcs nomment *Jugurtham*) souvent ils se contentent de mêler de l'eau bien froide avec du lait, & de tremper du pain dedans, ils satisfont avec cela leur appétit, & éteignent la soif ardente que les grandes chaleurs leur causent ; souvent nous en avons fait nous-même usage lorsque nous avions bien chaud : on trouve dans tout ce pays de l'oxigal à

(*a*) Galien étoit trop habile Médecin pour conseiller comme un spécifique à la santé un ragoût aussi bisarre que l'oxigal, il n'avoit pas moins de goût non plus pour les bons mets, ainsi ce n'est qu'en Historien comme Busbec qu'il en parle, il sortit de Rome pour aller en Asie, à son retour il écrivit la relation de ce voyage, & l'oxigal y trouva sa place.

acheter, sur-tout dans les endroits où il y a des Hôtelleries.

Lorsque les Turcs sont en route, ils se mettent peu en peine qu'on leur serve des viandes ou d'autres mets chauds ou froids, leurs ragoûts ordinaires sont de l'oxigal, du fromage, des prunes séchées, des poires, des pêches, des coins, des figues, des raisins séchés au soleil, & (a) des cornouilles; souvent ils font cuire tous ces fruits dans de l'eau, & ils les mettent pêle mêle dans un même plat; pour lors chacun prend ce qu'il lui plaît, & suivant son goût, avec du pain & de l'eau, c'est là la bonne chere des Turcs; la sauffe qui reste au fond du plat est leur vin de Champagne, leur ambroisie, & leur ratafia; ils se nourrissent ainsi à bien peu de frais : je crois que sans blesser la vérité, je puis vous assurer que la dépense d'un jour d'un Flamand suffiroit pour faire vivre un Turc pendant douze; qui plus est,

(a) Le Cornouillier est une plante dont les fleurs sont ordinairement à quatre ou cinq feuilles, disposées en rond, & soutenues par le Calic., qui devient un fruit charnu, rond ou ovale; ce fruit est très-pesant, & est d'un goût fade.

c'est que lorsqu'ils se traitent les uns & les autres, souvent ils n'ont pour tout mets qu'un gâteau fait avec de l'huile & du miel, quelquefois ils y joignent un plat de ris, dans lequel il y a quelques poulets avec un morceau de mouton ; il est vrai que les poulets sont pour l'ordinaire si gros & si vieux, que c'est plûtôt des coqs; ne dites pas que ce pourroit être aussi des chapons, cet animal n'est point connu de la Nation Turque, non plus que les faisans, ni les grives ni les (*a*) becfigues, ni tout ce que nous appellons petits pieds ; leur délicatesse n'est pas plus recherchée sur le boire, s'ils ont un peu de sucre ou de miel à mêler avec de l'eau ils sont contens, & n'envient point le nectar que l'on servoit à la table des Dieux: ils ont cependant une espece de boisson dont ils font un peu plus de cas ; afin que je n'obmette rien sur cet article, je vais vous dire ce que c'est, & vous en donner la recette.

Ils prennent des raisins cuits au soleil, qu'ils broyent & qu'ils mettent dans une espéce de tonneau ; ensuite ils

(*a*) Cet Oiseau s'appelle ainsi, parce qu'il ne se nourrit que de figues.

le rempliſſent d'eau chaude, & brouillent bien le raiſin avec l'eau, & ils ferment ce tonneau exactement, en le laiſſant cuver un ou deux jours. S'il arrive par exemple que la vendange n'ait pas aſſez de force pour fermenter, ou qu'elle ſoit trop lente, ils y mêlent de la lie de vin. Si vous goûtez de cette liqueur dans le tems de la fermentation, vous ſeriez étonné que l'on puiſſe avoir le goût aſſez mauvais pour en boire; elle eſt fade & d'une douceur inſuportable, mais quand elle a cuvé, on lui trouve un petit goût d'aigre qui la rend très-agréable; on ne peut en boire que les trois ou quatre premiers jours qu'elle eſt faite, encore faut-il la faire rafraîchir dans la neige, ce qui eſt très-facile à Conſtantinople, parce qu'il y en a dans toutes les ſaiſons; ſi elle eſt gardée plus long-tems, elle s'aigrit & ne vaut plus rien; elle eſt d'une force à enyvrer ainſi que le vin. * Je vous avouë que j'en ai bû avec plaiſir, je

* Busbec dit que le vin n'eſt défendu aux Turcs par leur Loi que parce qu'il enyvre.

Les Turcs appellent cette eſpece de boiſſon *Arabſries*, qui veut dire breuvage arabe, parce que ce ſont les Arabes qui leur ont appris la façon de la faire.

me suis aussi souvent rassasié de leurs raisins séchés, qu'ils ont accoutumé de conserver pour l'été : voici comment ils m'ont dit qu'ils faisoient.

Ceux qu'ils prennent à ce dessein, ont de gros pepins & sont bien mûrs, ils les mettent dans un pot de terre ou dans un petit baril, au fond duquel ils répandent de la moutarde pulverisée, ils font des couches alternativement de raisins & de cette espece de farine de moutarde ; quand le vase est presque rempli, ils répandent par dessus du vin doux jusqu'au bord du vase, ensuite ils le ferment, & ne l'ouvrent plus que lorsque les chaleurs de l'été sont arrivées, parce que ce qui est dedans n'est ainsi préparé que pour éteindre l'ardente soif qu'elles excitent; lorsque le tems de sécheresse est donc venu, ils débouchent leur pot, & vendent par les rues à quiconque le raisin & la sausse, qui plaît aux Turcs au moins autant que le raisin. Quant à moi, je vous avoue que ce goût de moutarde me déplaisoit très-fort, aussi lorsque j'avois besoin de me rafraîchir, & que je voulois manger de ce raisin, dont le goût me flattoit assez, j'avois soin de le faire bien laver & bien essuyer.

Ne soyez par surpris si je vous fais l'éloge de tout ce qui m'a été de quelque utilité dans ce pays ; il est d'une grande ame de ne jamais oublier les bienfaits, encore ma reconnoissance pour l'Oxigale, l'Arabsorbet & les raisins, est bien inférieure à celle que les anciens Egiptiens avoient pour les légumes de leurs jardins, (a) ils en faisoient leurs Dieux ; mais je crois qu'il est tems que je reprenne ma route.

Après avoir laissé le fleuve Alys, nous allâmes à *Gou Kurthoy*, de-là à *Choron*, & ensuite à *The Kethioi*, là nous apprîmes (a) des Dervis, qui y ont un très-grand Couvent, des cho-

―――――

(a) Voyez M. Rolin dans son Histoire ancienne, on ne peut rien dire de nouveau sur cet article après lui ; j'ajoute seulement un Vers de Juvénal qui m'a paru d'une ironie à plaire.

O! sanctas gentes quibus hæc nascuntur in hortis Numina. . . .

Pieuse Nation ! qui voit naître ses Dieux dans ses potagers.

(a) Ces Dervis sont des Religieux Mahométans. Leur Fondateur s'appelloit *Merchara*; le Chef d'Ordre est proche de Coigny dans la Natolie, leur Général y demeure ordinairement ils appellent celui-ci *Azembiba*, c'est-à-dire Grand Prêtre. Ces bons Anacorettes boivent beaucoup de vin, d'eau-de-vie, & de toutes especes de liqueurs propres à en-

ses singuliéres d'un certain (*a*) *Chederles*, qui étoit, à ce qu'ils nous dirent, un Héros illustre d'une force & d'une taille à n'avoir point de pareil. Ces pauvres radoteurs voulurent nous persuader que le St. que nous nommons Géorge, n'étoit autre que leur brave *Chederles*. Il est vrai qu'ils disent de lui ce que nous disons de notre Saint, qu'il a eu la générosité d'exposer sa vie pour sauver celle d'une jeune fille livrée à la fureur d'un horrible dragon. A cette histoire, chacun d'eux, suivant la fertilité de son imagination, en fabrique d'autres, ils disent cependant tous, d'un commun accord, que ce Chederles étant accoutumé de voyager par toute la terre, avoit terminé ses courses à un fleuve, dont l'eau immortalise ceux qui en boivent. Dans quelle partie du monde ce fleuve coule-t'il ? Ils ne le disent point.

yvrer, pour exciter, disent-ils, la gayeté, qui est un point fondamental de leur regle; ils en ont encore quelqu'autres qui ne sont pas d'une plus saine morale. Voyez *Tevenot* dans ses Voyages, tom. 1. & *Ricaut*, de l'Empire Ottoman.

(*a*) Le Prophete Elie a donné occasion à l'Histoire fabuleuse du *Chederles*. *Keder Elias*

Ils assurent seulement qu'il est caché dans l'obscurité de plusieurs grands nuages, & que de tous les mortels, il n'étoit arrivé qu'au Grand Chederles de le voir, que lui & son cheval, qui est de la derniere beauté, avoient bû de cette merveilleuse eau, qui les avoit tous deux immortalisés ; que monté sur ce cheval, il erroit par le monde, se plaisant dans les combats, & se trouvant toujours dans ceux où il y avoit plus de gloire à acquerir, & qu'il ne refusoit jamais son puissant sécours à ceux qui l'employoient, de quelque Religion qu'ils fussent. Est-il rien de plus ridicule ? Leur histoire cependant n'est pas finie, & vous aurez le plaisir de voir que plus ils l'étendent, plus elle devient risible ; ils disent donc encore que ce nouvel immortel a été Aide de Camp du Grand Alexandre.

Il est certain que si quelqu'un de nous tenoit un discours pareil à celui-ci, il s'afficheroit pour un fol, il ne doit pas être si surprénant dans la bouche d'un Turc. Cette Nation

---

en Arabe veut dire Elie le Fort, le vigoureux, & les Turcs par corruption de *Keder-llas*, disent *Chederles*.

ignore

ignore la chronologie, & ne connoît point l'utilité des époques, elle confond les tems & les âges; il n'est donc pas surprenant si ramassant un lambeau d'histoires pour le coudre à un autre qui n'y aura aucun rapport, & qui en sera éloigné de dix-huit ou vingt siécles, ils content ensuite des choses de la derniere extravagance. Je ne serois pas surpris, par exemple, quand ils diroient que *Josué* a été le premier Ministre de Salomon, & qu'Alexandre étoit le Général des Armées de ce Grand Roy. Je suis persuadé que si ces fables leur venoient dans l'esprit, ils les débiteroient avec autant de sécurité que si c'étoit une histoire autentique.

Il y a une source d'une eau très-claire dans la Mosquée de ces *Dervis*, de laquelle ils ont fait une fontaine d'un marbre très-beau, ils assurent que son origine vient de l'urine du cheval de *Chederles*, qui s'arrêta dans cet endroit pour y pisser; il seroit trop long de vous dire toutes les rêveries de ces Dervis au sujet de leur *Chederles*, d'autant qu'ils y en ajoutent une tirade qui n'a point de fin, de ses Compagnons, de son Palfrenier & du fils de sa sœur, dont ils nous montrerent les tombeaux qui sont près de leur mosquée. C'étoit quelque chose de rare de les entendre, voulant nous persuader qu'il se faisoit tous les jours de grands miracles à ces tombeaux ; leur foi est si aveugle, qu'ils nous dirent que la terre & la raclure des pierres de l'endroit où *Chederles* avoit vaincu le Dragon, guerissoient de la fiévre, du mal de tete & de celui des jeux. (*a*)

Mais rien ne vous surprendroit tant que les éclats de rire que ces Dervis ou quelqu'autres Turcs font lorsqu'ils entrent dans des Eglises Grecques, & qu'ils apperçoivent le tableau de Saint Géorge ; ce Saint est peint étant monté à cheval avec un petit garçon en croupe qui tire du vin du derriere de ce cheval, & qui le présente à boire au

---

(*a*) Busbec remarque ici que tout ce pays est plein de Dragons & de viperes, & qu'on ne peut y passer en sûreté dans l'été, parce que ces animaux sortent de leurs trous pour se tenir au soleil.

Busbec aussi-bien que tous les Voyageurs qui parlent de ces Dragons, les peignent comme des animaux furieux ; les Naturalistes disent que ce ne sont que des petits Lézards qui ont des especes d'aîles, & qui sont au contraire des animaux benins.

Saint. Vous me direz que les Turcs ne sont pas les seuls que ce tableau feroit rire, j'en conviens, mais ils accompagnent leurs ris de gestes & de grimaces aussi originales que celles des singes, qui vous exciteroient plus à rire que le tableau.

Nous voici enfin bientôt arrivés à l'endroit où nous devions nous reposer des fatigues d'un voyage si long & si peu commode ; de-là nous n'avions plus qu'une journée pour aller à Amazie. Ce jour-là nous couchâmes à *Baglison*, & enfin le soir du sept Avril, trente jours après notre départ de Constantinople, nous fîmes notre entrée ; notre cortege s'augmenta d'un grand nombre de Turcs qui vinrent au-devant de nous, pour nous féliciter & nous complimenter sur notre heureuse arrivée.

Amazie est la Ville la plus considérable de toute la Cappadoce, le Gouverneur de la Province y fait sa résidence, & tous les hyvers il y a forte Garnison ; la Ville est belle, cependant depuis la mort de Bajazet le Grand, & depuis le meurtre de l'infortuné Mustapha, elle a quelque chose de sinistre ; elle est bâtie sur le dos de deux collines, au milieu desquelles passe le fleuve Iris, de façon qu'elle fait deux amphithéâtres qui sont vis-à-vis l'un de l'autre, & qui ont tous les deux vuë sur le fleuve. Elle est tellement environnée de montagnes & de collines, qu'il faut que les chevaux & les équipages sortent par la même porte par laquelle ils y entrent.

La premiere nuit que nous y couchâmes, il y arriva une grande incendie, que les Janissaires, suivant leur louable coutume, éteignirent au dépens de la ruine des maisons voisines ; peut-être que vous ne vous imagineriez pas que les Soldats Turcs ne désirent rien avec tant d'ardeur que ces sortes de malheurs, parce que, comme je viens de vous dire, ils ne se contentent pas de prendre & de voler dans la maison à laquelle est le feu, mais sous prétexte de secourir celles qui sont voisines, il les pillent. Ce butin leur est si certain & si facile, que souvent, ennuyés de ce que ces accidens n'arrivent pas assez frequemment, ils mettent eux mêmes secrettement le feu, ce que j'ai vû à Constantinople pendant que j'y étois, il y arriva plusieurs grandes incendies dans lesquelles on vit un dessein prémedité; d'abord on soupçonna quelques Persans vagabons, on fit ensuite d'exactes recherches, & à la fin on en découvrit les auteurs; c'étoit des Soldats de marine, qui avouérent qu'ils n'avoient ainsi mis le feu que pour se procurer une plus grande facilité à voler.

Sur le sommet d'une des collines où est bâtie Amazie, on voit une très-belle Citadelle, dans laquelle il y a toujours une Garnison nombreuse; ces Troupes sont pour tenir en respect les Asiatiques, qui seroient toujours prêts à se révolter, ne souffrant, comme je vous dirai dans la suite, qu'avec peine la domination des Turcs; elles sont aussi pour s'opposer aux incursions très-fréquentes que les Perses font aux environs. On voit encore sur cette colline beaucoup de vieux monumens, qui sont sans doute des restes des Palais des anciens Roys de Cappadoce.

Il n'y a dans la Ville ni belles places ni belles maisons, elles sont toutes bâties d'argile, peu élevées, leur toît est une plate forme aussi d'argile; elles sont à peu près comme toutes les maisons d'Espagne. Celles-ci sont appuyées sur des débris de quelques vieux édifices, qui étant peu solides, ne font souvent de toute la maison qu'un tas de boue lorsqu'il pleut ou qu'il fait du vent; ceux qui habitent ces especes de chaumieres, ne couchent point en été dedans, ils préferent de dormir à la belle étoile. Les pluyes heureusement ne sont ni fréquentes ni en grande abondance dans ce pays, ce qui fait un grand avantage pour tout le monde; ceux que leurs affaires obligent de sortir sans cesse & d'aller par les rues, le sentent plus que personne, car lorsqu'il pleut un peu fort, l'eau réduisant les maisons en boue, la fait couler sur les habits, qui les tache & les gâte. Mais puisque je suis de la derniere exactitude à vous raconter tout ce que j'ai vû dans ce voyage, je ne veux pas omettre de vous dire que dans notre voisinage à Amazie, il y avoit un jeune Satrape qui se mettoit tous les jours au lit pour souper, il suivoit en cela la coutume des anciens.

Dès que nous fûmes arrivés, nous nous fîmes annoncer à *Achmet* Grand Visir, nous allâmes aussi faire nos visites chez les autres Bachas, Soliman n'y étoit pas pour lors ; nous leur fîmes part des volontés du Roy notre maître, les priant de nous être favorables ; l'Empereur arriva quelques jours après, & nous fûmes aussi-tôt introduits à son audience.

Les Bachas firent sans doute très-mal notre cour, ce Prince nous reçût avec beaucop de mauvaise grace, & l'air désobligeant avec lequel il écouta notre compliment & ce que nous avions à lui dire de la part du Roy, nous fit mal augurer de notre Ambassade ; il étoit assis sur un trône élevé de terre seulement d'un pied. Ce trône étoit couvert de très-riches tapis, & enceint d'une balustrade sculptée d'un goût exquis ; il avoit à sa droite un arc & des flêches à gauche ; quoiqu'il n'eut pas l'humeur riante, qu'il eut au contraire la tristesse peinte sur le visage, il ne laissoit pas de porter un air plein de grandeur & de majesté.

Nous fûmes introduits singuliérement ; des Turcs vinrent nous recevoir à la premiere porte, & nous conduisirent, nous tenans sous les bras jusqu'à la sale d'audience, je crus que là ils nous laisseroient libres, mais la présence de l'Empereur ne changea rien à ce cérémonial ; on me dit après que nous fûmes sortis, qu'ils avoient pris cette coutume depuis qu'un Croate s'étant fait introduire dans l'appartement d'Achmet Premier, sous prétexte de lui présenter un placet, assassina ce Prince pour venger la mort du Desporte de Servie ; nous étant donc avancés du trône avec chacun nos deux Ecuyers, nous fîmes une très-profonde révérence à l'Empereur, lui prenant humblement la main comme pour la baiser, ensuite nous nous retirâmes jusqu'au mur opposé, allant toujours en arriere, & là je fis mon compliment & mes demandes ; comme ce que je lui dis ne lui plaisoit pas, & ne répondoit point à son attente, il ne me répondit que deux mots d'un ton encore assez méprisant. *Ginzel, Ginzel*, me dit-il, c'est-à-dire, c'est bon, c'est bon, avec cela on nous renvoya à notre Hôtel.

Les demandes de Ferdinand étoient justes, & j'avois ordre de les faire avec la liberté & la majesté qui conviennent à ce grand Roy ; Soliman de son côté s'imaginoit être assez puissant pour que l'on n'osât répliquer dès qu'il avoit manifesté ses volontés, mon maître au contraire traitoit d'égal à égal ; il ne faut plus s'étonner si ce Prince me reçût d'une maniere si défavorable.

Le jour de notre Entrée la Cour étoit fort nombreuse, plusieurs Envoyés de quelques autres Princes firent la leur aussi, (ceux-ci ne furent pas mal reçûs, ils avoient apporté de très-riches présens ;) tous les Grands Officiers de l'Empire s'y trouverent avec un grand nombre de Janissaires ; mais rien ne me parut plus digne d'admiration dans tout l'éclat de cette Cour, que la cause de la différence qui se trouvoit entre les Seigneurs qui la composoient ; la vertu & le mérite la mettoient. La naissance seule dans cette Nation ne distingue ordinairement personne, l'honneur & les déférences sont toujours mesurées sur l'élévation de la charge & de l'emploi que chacun occupe ; ce n'est pas comme ailleurs, les richesses, ces vains titres de noblesse, la faveur & le grand nombre d'amis qui les décident ; l'Empereur lui-même les donne, le mérite, les mœurs, l'esprit & le caractere déterminent son choix ; la vertu enfin est le seul titre surquoi on puisse établir ses droits. L'usage des préfens n'eſt point encore connu de cette Nation, ſi ſage en ce point; le plus capable d'exercer les fonctions de l'emploi vacant, eſt celui à qui il eſt donné; on ne fait point paſſer de génération en génération les belles, les grandes actions, celui qui n'y a point eu part ne s'en fait point un mérite perſonnel ; point d'autre eſpérance, encore une fois, que celle qui eſt fondée ſur ſes propres qualités ; ſouvent on voit remplir les premieres dignités par des fils de bergers, & ils ne rougiſſent point de leur naiſſance, ils s'en font au contraire une gloire ; n'ont-ils pas raiſon ? plus leur pere étoit dans un état vil & rampant, moins ils ſont redevables à la naiſſance & aux richeſſes du haut dégré auquel ils ſont montés ; c'eſt à la grace du Prince & à leur mérite qu'ils doivent tout. Cette Nation enfin eſt aſſez heureuſe pour n'être point dominée par ce faux préjugé, que *la vertu du pere ſe tranſmet à ſa poſtérité*, elle croît au contraire qu'on ne peut l'avoir ſi on ne l'acquiert, & qu'elle ne ſe trouve que dans la bonne éducation, dans le travail, & dans l'étude ; nous ſçavons que les talens du père, comme la Musique, l'Arithmétique, la Géographie, ne passent point au fils par droit de succession, les Turcs y joignent le mérite; parmi eux les enfans ne se font point une gloire du courage, de la force, & de la bravoure de leurs ayeuls; ils sentent que ce sont des vertus qui n'appartenoient qu'à eux, & que la génération ne peut pas faire revivre dans leurs descendans; s'ils les ont, ils les regardent comme des dons du ciel; de sorte que dans ce gouvernement les Honneurs, les Charges, les Emplois & les Dignités, ne sont jamais dans tous les Etats que la récompense du seul mérite. C'est par cette raison que le méchant, le paresseux, l'ignorant, quel qu'il soit, reste sans rang, sans titre, & méprisé de tout le monde; il ne faut donc plus être surpris si cet Empire est si florissant, s'il domine sur le reste du monde avec tant de supériorité, s'il étend ses bornes si loin, puisque chacun de ceux qui le composent cherchent à se signaler par de belles actions, & à se faire soi-même son mérite.

Nos usages sont bien différens, tout ce que ceux-ci donnent à la vertu, la naissance chez nous croit y avoir droit, & elle l'emporte ; vous voyez comme ce préjugé, qui est moins qu'une chimere, ouvre la porte aux dignités, comme d'un pas assuré il conduit souvent les moins dignes aux plus hauts rangs. Que ne pourrois-je pas dire à ce sujet, mais ailleurs je vous en parlerai plus au long, & je ne veux confier qu'à vous seul ces sortes de réflexions ; ne faites donc part à personne de celles qui viennent de m'échaper.

Venez maintenant avec moi, je vais vous conduire dans cette belle sale où je haranguai ; vous y auriez vû une multitude innombrable de Turcs, ayant des turbans & des bonnets dont la pointe se terminoit en aspiral, tous d'une soie très-fine ; ils étoient richement vêtus & de différentes couleurs; tout étoit or, argent, pourpre & azur, il seroit trop long de vous en faire le détail, quoique je ne voulus rien y ajouter, mais je n'ai de ma vie vû un si beau spectacle ; au travers cependant d'un luxe si éclatant on s'apperce-voit d'une extrême simplicité & de la plus grande œconomie; tous sans distinction ni de charges ni de dignités étoient vêtus de la même façon; point de galons, point de colifichets comme nous en portons sur nos habits, qui coûtent beaucoup & qui sont gâtés dans trois jours. Ce sont de belles étoffes de soye ou de coton brodées avec des palmes desquelles ils s'habillent; le prix ordinaire n'est que d'un ducat pour la broderie & la façon des habits.

Ces Turcs étoient autant surpris de notre façon de nous habiller, que nous pouvions l'être de la leur; ils sont vêtus de longues robes qui leur défcendent jufqu'aux talons, & en verité je conviens que cette efpece d'habit eft bien plus noble, & femble donner un air bien plus majeftueux que le nôtre, qui eft fi court, au contraire que fouvent il ne cache pas ce que la nature a ordonné qui le foit; rien ne me paroît plus indécent, ajoutez que cette forte d'habits empêche que l'on ne voye notre taille, & nous fait paroître plus petits. Pour moi j'ignore encore la caufe de notre mauvais goût en cela, & je ne trouve aucune bonne raifon qui puiffe nous engager de préférer cette mode à celle des Turcs.

Beaucoup de choses, comme vous allez voir, m'étonnerent dans cette Cour le jour de notre entrée; le profond silence qui regnoit dans une si grande multitude, & la modestie dans laquelle tout le monde se tenoit, me charmerent autant que le beau & la pompe. Il ne se faisoit pas le plus petit murmure, ce qui est très-ordinaire dans une grande assemblée; ici chacun se tenoit dans sa place selon son rang sans allées ni venues: les grands Officiers, que l'on nomme (*a*) Aga, les Préfets étoient assis, & le reste de la Cour se tenoit de bout. Mais de tout ceci, je ne vis rien de plus merveilleux que deux ou trois mille Jannissaires, qui parroissoient tellement immobiles, que je fus long-tems incertain si ce n'étoit pas des sta-

(*a*) *Aga* en langue Turque signifie *Seigneur*; la plûpart des Officiers de la Maison de l'Empereur & de ses Armées, portent ce nom, les Gouverneurs des Places, quoique soumis aux Bachats, le portent aussi.

Les Préfets, les Chiliarques, les Tribuns & les Centurions, sont des noms que les Romains donnoient aux Officiers qui commandoient des Corps de Troupes d'Infanterie & de Cavalerie. Ces noms se donnent également chez les Turcs à ceux qui ont les mêmes Emplois.

rues plûtôt que des hommes ; j'étois à la vérité un peu éloigné d'eux quand je les apperçus, je ne fus détrompé que lorsqu'on m'eut dit de les saluer, ainsi qu'il est d'usage, pour lors je les vis remuer, ils me rendirent le salut en inclinant seulement la tête.

Après que nous fûmes sortis des Appartemens, en nous retirant à notre Hôtel, nous vîmes les Ecuries de l'Empereur, elles étoient remplies de très-beaux chevaux, bien entretenus, & richement harnachés.

La vûe cependant de toutes ces belles choses ne tranquilisoit point notre esprit sur notre mauvaise réception ; nous n'avions qu'une espérance bien légere d'obtenir ce que nous demandions, & notre plaisir n'égaloit point notre inquiétude, tout au contraire concouroit à l'augmenter ; l'Ambassadeur du Roy de Perse étoit arrivé (*a*)

(*a*) Ou l'Imprimeur ou Busbec se sont trompés sur le tems de l'arrivée de cet Ambassadeur, suivant le discours de Busbec, cet Ambassadeur doit l'avoir précédé ; ce sont ses présens, dit-il, la paix qu'il venoit de conclure avec Soliman, qui le faisoient désesperer d'obtenir ce qu'il demandoit, par consequent cet Ambassadeur avoit eu Audience avant Busbec, qui l'eût, dit-il, aussi-tôt le 10 de May, & avoit apporté des présens d'une richesse immense, c'étoit des Tapisseries les plus belles de leur pays, des Pavillons de Babilone, brodés en dedans de différentes couleurs, des Caparaçons, des Selles de Cheval d'un travail recherché, des Damas enrichis de pierreries, & des Boucliers d'une élégance & d'une propreté achevées. Ajoûtez à cela un Livre d'*Alcoran*, c'étoit ce qui faisoit valoir tout le reste; aussi à peine cet Ambassadeur s'étoit-il montré chargé de tant de présens, que dans l'instant la paix lui avoit été accordée, ce qui rendoit notre négociation bien plus difficile, & nous donnoit par conséquent beaucoup d'inquiétudes; on avoit trop d'attention pour lui, & on lui rendoit trop d'honneurs pour que nous pûssions douter que la paix ne fût réellement conclue.

Il est bon que vous sçachiez que les Turcs plus que toute autre Nation sont extrêmes en tout; ils accablent

---

qu'il fut arrivé à Amazie, ce qui ne pourroit plus quadrer avec son arrivée qui fut le 20 Mars, & avec celle de l'Ambassadeur qui est postérieure de 11 jours.

Jeurs

leurs amis de politesses, il n'est point de soins qu'ils ne prennent pour eux, & rien n'égale le mépris avec lequel ils traitent leurs ennemis ; j'ai senti bien des fois cette inégalité, en voici un éxemple.

(a) Hali Bacha second des Visirs, donna à souper dans ces Jardins à cet Ambassadeur ; quoiqu'ils fussent au-delà du fleuve, nous fûmes comme témoins du festin, ayant vûe sur eux; cette Ville est située & bâtie de façon, comme je vous ai déja dit, que les deux parties sont mutuellement en perspective.

Le nombre des convives étoit grand, Hali avoit invité tous les Bachas ; ils furent servis par cent jeunes gens choisis, du même âge, & vétus

---

(a) Hali Bacha étoit gendre de Selim II. il fut fait Général de la Flotte des Turcs en 1570, avec laquelle il vint ravager plusieurs Isles appartenantes à la République de Venise, en 1571 il fut attaqué par les Chrétiens, il perdit la Bataille, & fut tué.

* J'ajoûte d'après Busbec que Hali étoit natif de Dalmatie ; qu'il avoit beaucoup d'esprit, & une grande politique, & qu'à ces deux bonnes qualités il joignoit tant d'affabilité & de politesse qu'il étoit la merveille de sa Nation.

également. Voici l'ordre qu'ils obferverent ; ils font tous fortis d'un grand veftibule proche de la cuifine, ils ont défilé marchans éloignés les uns des autres d'égale diftance ; ils ont avancé jufqu'à la table * ayant les bras croifés ; là ils fe font arrêtés pofant les deux mains fur les cuiffes, ils ont fait une profonde inclination à la compagnie ; auffi-tôt le plus proche de la cuifine a reçû deux plats, qu'il a donné à celui qui le fuivoit, celui-ci à l'autre, de main en main, ces plats font arrivés jufqu'au plus proche de la table, qui les donnoit au Maître d'Hôtel pour les fervir, en gardant toujours cet ordre qui n'a été troublé en rien ; ils ont fervi plus de cent plats. Le fouper fini, ils ont falué comme ils avoient fait en entrant, & fe font retirés dans le même ordre, excepté que ceux qui étoient le plus près de la cuifine, ont défilé les premiers, & que ceux qui l'étoient de la table ont fait l'arriere-garde. C'eft ainfi que l'ordre plaît aux Turcs, même dans les chofes de peu d'im-

* Busbec remarque que Hali appréhendant que le ferein n'incommoda, avoit fait tendre une voile fous laquelle la table étoit fervie.

portance, tandis que nous le négligeons dans celles qui font essentielles. Il y avoit encore d'autres tables éloignées de cette premiere, qui furent très-bien servies, elles étoient pour les gens de la suite de l'Ambassadeur, & pour quelques Turcs d'un état inférieur aux Bachas.

Enfin, la paix que cet Ambassadeur venoit de conclure fut cause que nous ne pûmes rien obtenir, ainsi que je le prévis d'abord quelques justes que fussent nos demandes. On nous accorda seulement six mois de treves pour me donner le tems d'écrire au Roy, & pour avoir celui de recevoir sa réponse; j'étois venu pour servir en qualité d'Ambassadeur ordinaire à la Porte, supposé que la paix se fît faite, mais comme on ne vit rien d'assez bien disposé pour croire qu'elle se concluroit, même après les six mois de treve, le Conseil proposa que je m'en retournasse en Allemagne avec des lettres de Soliman pour Ferdinand. L'Empereur acquiesça à ce parti, & je fus une seconde fois conduit à son audience pour prendre mon congé & partir sans aucun retardement.

Des cérémonies que l'on est dans l'usage d'observer quand les Ambassadeurs paroissent devant l'Empereur Ottoman, je vous ai dis les belles, celles qui sont augustes; en voici de comiques. Je me présentai à la porte de la sale, on m'annonça, dans l'instant parurent mes anciens Ecuyers, d'autres Turcs les suivoient, qui au moment que j'entrai me jetterent sur le corps deux grandes casaques qui me descendoient jusqu'aux talons, & si pesantes, que mes épaules étoient à peine assez fortes pour les porter; on caparaçonna ainsi tous ceux de ma suite, & dans cette pompe qui ressemble assez à celle d'Agamemnon, (*a*) qui sur un théâtre va être le Héros de la Tragédie, je marchai vers le trône,

―――――――――――
(*a*) Agamemnon fils d'Atrée & d'Erope, selon Homere, étoit Roy d'Argos & de Mycene, les Grecs le choisirent pour leur Général lorsqu'ils allerent faire le siége de Troye; Séneque fait son éloge dans ces deux vers:

Rex ille Regum, Ductor Agamemnon Ducum
Cujus secuta, mille vexillum rates.

Agamemnon étoit le Roy des Roys, il commandoit aux plus grands Capitaines, ayant sous ses ordres une Flotte de mille voiles.

je saluai l'Empereur, qui me donna aussi-tôt les lettres qu'il écrivoit à Ferdinand, elles étoient cachettées & enveloppées d'une étoffe d'or ; ensuite il me congédia du même air à peu près avec lequel il m'avoit reçû, deux mots furent encore tout son discours, *partez*, me dit-il, *je vous l'ordonne* ; d'abord j'obéis, ceux de ma suite me suivirent après que les plus distingués d'entr'eux eurent aussi fait leur réverence, suivant la permission qu'on leur en avoit donnée. Etant à la porte, je fus en même tems délivré & des Ecuyers & du lourd fardeau sous lequel mon dos gémissoit, de-là j'allai voir les Bachas, & aussi-tôt nous partîmes, c'étoit pour lors le deux du mois de Juin.

C'est ici où vous allez voir l'excès opposé à celui des bonnes façons, dans lequel les Turcs tomberent à mon égard ; il est d'usage que les Bachas traitent (*a*) dans le Divan tous les Ambassadeurs de quelques Cours

---

(*a*) Le Divan chez les Turcs comme en Perse est la Sale du Conseil ; c'est en outre en Turquie le lieu où les Bachas donnent leurs Audiences publiques, & rendent la justice.

qu'ils soient, aussi-tôt qu'ils ont pris congé; vous vous rappellez ce beau souper de l'Ambassadeur de Perse; pour nous, nous n'eûmes pas un verre d'eau, & cela, parce que nos querelles n'étoient pas encore terminées.

Vous attendez sans doute avec impatience le portrait (*a*) de Soliman, je vais vous le donner dans la plus grande sincerité; ce Prince est déja d'un âge avancé, il porte un visage & une prestance pleine de majesté, l'un & l'autre annoncent la grandeur & la puissance de son Empire; il est extrémement sôbre sur le boire

─────────

(*a*) Soliman II. succéda à son pere Selim I. l'an 1520. sa premiere Conquête fut la défaite de Gazel, Gouverneur de Sirie, qui étant à la tête d'un parti considérable s'étoit révolté. Après cette expédition il prit la résolution de porter ses armes contre les Chrétiens. Il vint d'abord en Hongrie, où il prit plusieurs Places, en 1529 le 27 Septembre il assiégea Vienne en Autriche, mais le 14 Octobre suivant il fut obligé de lever le siége; il s'en retourna après cet échec faire la guerre en Asie & dans l'Afrique, où il fit de grandes Conquêtes, il revint à quelques années de-là en Hongrie, où il mourut pendant qu'il faisoit le siége de Siget. Sa mort arriva le 4 de Septembre 1566, il étoit âgé de 72 ans, desquelles il en avoit régné 46.

& sur le manger, ne se servant point du relachement de la morale de sa Religion qui lui permettroit d'en faire des excès, même sans pécher. Sa jeunesse s'est passée dans une tempérance égale sur toutes les passions, il ne s'est livré ni à l'yvresse ni à ces infames plaisirs, qui sont ordinairement les délices des Turcs. Ses jours ont coulés dans cette alternative de bien & de mal, dans laquelle vivent presque tous les hommes; il n'a point de ces crimes énormes; le seul reproche qu'on peut lui faire est d'avoir aimé trop aveuglement l'Imperatrice sa femme, qui ne le méritoit gueres, & d'avoir par là acquiescé trop legerement, pour plaire à cette tigresse, à la mort de Mustapha son fils. Encore cette action quoique des plus noires, n'est-elle pas sans excuse, si on en croit le peuple; on assure que cette femme lui a fait prendre des breuvages, par la vertu desquels elle s'est entiérement rendue maîtresse de son esprit, de ses volontés & de son cœur; ce dernier est croyable par la conduite qu'il a tenue depuis qu'il l'a déclarée sa légitime épouse, il n'a jamais cessé de lui être fidéle, ce qui est d'autant plus louable que sa Réligion ne le commande pas, & qu'il avoit de très-belles femmes dans son Serrail. Il a toujours été grand observateur de sa Réligion & de toutes les cérémonies qu'elle prescrit ; on peut dire qu'il a eu autant de zele pour l'étendre & l'affermir, que de désir d'aggrandir son Empire. Il est dans la soixante-dixiéme année de son âge, d'une santé assez bonne, n'ayant cependant point de couleur, ce qui dénote qu'il a quelques maux cachés; * mais il sçait aussi-bien que les femmes réparer cette injure du tems, il se met du rouge ; il prend ce soin sur tout les jours qu'il congedie quelque Ambassadeur, afin qu'il rende compte de l'embonpoint & de la bonne santé dont les couleurs de son visage semblent annoncer qu'il jouit ; il s'imagine par-là intimider ses voisins. Je ne sçai pourquoi il n'a point usé de cet artifice à mon égard, ses rides & son teint pâle m'ont paru dans tout leur naturel.

C'étoit dans les grandes chaleurs de l'Eté que nous nous mîmes en

* Busbec dit que tout le monde assure que le défaut de couleur que Soliman avoit provenoit d'un ulcère qu'il avoit à une cuisse.

route,

route, elles étoient si excessives qu'elles m'occasionnerent une fiévre lente & continuë, à laquelle se joignit une fluxion sur toute la tête ; l'une & l'autre ne me quitterent que lorsque je fûs arrivé à Constantinople.

L'Ambassadeur de Perse partît d'Amasie le même jour que nous : ses équipages & les nôtres se suivoient, quoique nous allassions dans deux parties du monde opposées, l'incommodité d'un seul chemin par lequel on peut entrer & sortir de cette Ville nous y forçoit, mais au bout du défilé, qui est entre deux montagnes, nous trouvâmes deux chemins, l'un qui va en Orient, qui fut celui que le Persan prit, & l'autre en Occident qui fut le nôtre. Nous vîmes l'Armée Turque campée tout proche de la Ville, la plaine étoit couverte de tentes.

Je n'ai rien à vous dire de nouveau sur notre retour, sinon que nous marchâmes un peu plus vîte ayant doublé quelques journées. Nous tînmes exactement la même route que celle par laquelle nous avions passé ; nous arrivâmes à Constantinople le 24 Juin, je vous laisse à penser combien je devois être fatigué, joignant au chaud que je souffrois mes autres incommodités ; j'étois en vérité exténué, je recouvrai cependant en peu de jours mes forces par le repos & par les soins de mon Médecin; il me fit prendre des bains d'eau chaude, au sortir desquels il me mettoit dans d'autres d'eau froide, j'avois une peine extrême à soutenir ces derniers, ce changement subit du froid au chaud me mettoit à la question, néanmoins le bien que les uns & les autres m'ont fait est inconcevable, nul autre médicament ne m'auroit rendu la santé aussi promptement que ceux-ci.

Comme j'étois encore à Constantinople, il revint je ne sçai qui d'Amasie qui rapporta que Soliman étant en chemin pour revenir, avoit été obligé de loger chez un simple particulier, & qu'il y avoit couché ; que ce particulier aussi-tôt après le départ de l'Empereur, avoit parfumé & purifié la Maison, avec de l'eau lustrale, en faisant beaucoup de cérémonies, il la croyoit souillée par le séjour qu'un tel Hôte y avoit fait ; que ceci avoit été rapporté à Soliman, & que sur l'heure il avoit ordonné de faire mourir cet homme, & de raser sa Maison ; c'est ainsi que ce pauvre misérable fut puni de son trop peu d'affection pour les Turcs, qu'il conservoit toujours au contraire toute entiere pour les Perses ; mais les Peuples d'Asie, comme je vous l'ai déja observé, ne peuvent se vaincre sur l'antipatie qu'ils ont pour la Nation Ottomane ; sa religion & sa domination leur paroissent également insupportables.

Après être resté 14 ou 15 jours à Constantinople, seulement pour rétablir ma santé, j'en partis pour me rendre à Vienne ; le premier jour de notre marche fut de mauvaise augure pour le reste de la route : au sortir de la Ville, nous trouvâmes des chariots remplis de femmes & d'enfans que l'on avoit pris en Hongrie, & que l'on menoit au marché pour vendre. Que ceci ne vous étonne point, le Commerce qui se fait à Constantinople de cette espece de marchandise est aussi considérable que celui qui se fait à Anvers de Draps, de Toiles, & de toutes les autres choses utiles à la vie.

De tems en tems nous trouvions sur les chemins des bandes de pauvres Chrétiens de tous âges, chargés de chaînes, attachés les uns aux autres comme le font les chevaux, que l'on conduisoit dans le plus dur esclavage; je vous avoue que ce spectacle me tiroit les larmes des yeux, & que je ne cessois de déplorer le malheureux sort de ces misérables; hé bien? ceci n'est-il pas suffisant pour dire que nous ne sommes pas partis de Constantinople avec d'heureux présages? écoutez la suite de nos malheurs, vous verrez mes augures confirmés.

Mes collégues m'avoient prié de remmener avec moi quelques-uns de leurs domestiques qui s'impatientoient de leur trop long séjour avec les Turcs; à peine eûmes-nous faits deux jours de chemin, que je vis celui qui marchoit ordinairement à la tête des autres, étendu dans un de mes fourgons; je demandai quelle étoit sa maladie, on me dit que c'étoit le charbon; pensez comme ceci nous affligea tous, c'est une sorte de mal qui se communique facilement, & nous tremblions tous chacun pour nous. Cette peste fit tant de progrès sur ce misérable, qu'on n'eût pas le tems de lui donner du secours ; à peine fûmes-nous arrivés à Andrinople, qui n'étoit cependant que peu éloignée, qu'il ne fut plus de ce monde, sa mort fut une nouvelle source d'où coulerent de nouveaux maux ; chacun des camarades du défunt fit valoir ses droits à la succession, ils se jetterent tous sur sa dépouille; l'un prit ses souliers, l'autre son pourpoint, un autre sa chemise ; mon Médecin avoit beau à leur crier de ne toucher à aucuns de ses habits, parce que la contagion du mal y étoit renfermée, ils étoient tous sourds ; en vain il leur disoit de faire attention à la prompte mort de leur camarade, qu'elle alloit être inévitable pour eux, & que restans parmi nous, ils nous exposoient aux mêmes dangers; tout fut inutile, mais ils ne tarderent guères de sentir l'effet de sa prédiction.

Le jour suivant de notre départ d'Andrinople, ils allerent tous le trouver, d'un air triste & abattu, se plaignant d'un grand mal de tête, & lui demandant des remedes, ils sentirent bien que c'étoit là les premiers symptômes de la peste, pour lors mon Médecin leur fit une févere réprimande, & leur dit qu'il s'étonnoit qu'ils vinssent chercher des remedes contre un mal dont il les avoit prévenus, & qu'ils avoient cherché avec empressement ; ce n'étoit pas cependant qu'il ne voulut bien les soigner, il étoit au contraire trés-inquiet comment il feroit pour les secourir ; en effet, où prendre des remedes, dans une route où les choses les plus communes souvent manquent ? La providence devint notre seul espoir, elle nous secourut effectivement : voici comment.

J'étois accoutumé, aussi-tôt que nous étions arrivés dans les endroits de notre route, d'aller me promener aux environs, & de chercher ce qu'il y avoit de curieux ; ce jour-là je fûs assez heureux pour aller sur les bords d'un Pré, j'apperçûs dedans une plante qui m'étoit inconnue, je pris de sa feuille, je la sentis, elle avoit l'odeur de l'ail, aussi-tôt je la donnai à mon Médecin, lui demandant s'il la connoissoit, après l'avoir éxaminée avec attention, il me répondit que c'étoit du *scordium*, il leva les mains au ciel, & rendit graces à Dieu du reméde si à propos qu'il nous envoyoit ; il en ramaſſa à l'inſtant une grande quantité, qu'il alla mettre dans un chaudron, & qu'il fit bien bouillir. De-là il avertit nos peſtiférés de prendre courage, & ſans perdre un moment, il leur fit boire la décoction de cette plante, dans laquelle il mit un peu de terre de Lemnos, enſuite il les fit bien chauffer, & les envoya coucher, leur ordonnant de ne dormir qu'après qu'ils auroient bien ſué, ce qu'ils obſerverent exactement ; dès le lendemain, ils ſe ſentirent très-ſoulagés : on leur donna une ſeconde potion de cette même drogue, qui finit enfin de les guérir. C'eſt ainſi que par la grace de Dieu nous échapâmes à la mort qui nous ſembloit très proche ; ce ne fut cependant pas-là le dernier déſaſtre qui nous arriva dans notre voyage, le malheur nous ſuivoit de trop près pour nous en tenir quittes à ſi bon compte.

De-là nous entrâmes dans (*a*) la

(*a*) La Thrace eſt une grande Province dans l'Europe, que l'on appelle aujourd'hui Romanie. Le Mont Hæmus, le Pont Euxin, la Mer Egée, & le Fleuve Strimon la ſéparent de la Bulgarie.

Thrace, ensuite nous traversâmes (*a*) la Bulgarie, la Rascie, & nous arrivâmes à Belgrade; nous étions pour lors dans la canicule, les chaleurs étoient excessives.

Le jour que nous arrivâmes à Belgrade on fit une pêche dans le Danube très heureuse, on nous en servit quantité de très-bons poissons, dans le nombre desquels il y avoit * des Carpes d'une grosseur prodigieuse;

La Thrace est la Patrie de Borée, le séjour des Aquilons, & le pays des frimats : voici un portrait plus complet que Pomponius-Mela nous en a fait. L'inclémence du Ciel, dit cet habile Géographe, & la stérilité de la terre y conspirent à redoubler les rigueurs du climat; on n'y connoît point d'autres saisons que celle de l'hyver; le Laboureur qui plante & qui seme ne sçait ce que c'est que de recueillir, le soleil semble n'éclairer qu'à regret cette Contrée affreuse, la vigne la mieux exposée ne produit que du raisin vert.

(*a*) La Bulgarie au contraire, dit ce même Géographe, est fertile, elle renferme entre ses Montagnes des grandes plaines qui produisent beaucoup de bled, & il vient sur ses côteaux de très-bon vin, & en abondance. Cette Province est aussi en Europe, elles sont toutes deux sous la domination du Turc. Amurath II. a conquis la Bulgarie, & Mahomet II. la Thrace.

* La Carpe est le Poisson du Danube le plus estimé.

mes gens en mangetent tant, & avec une si grande avidité qu'ils en eurent la fiévre. Nouvel embarras.... tout dans ce pays est à très-bas prix, ce qu'on nous servit de poisson auroit suffi pour donner à dîner à quarante personnes, & je ne le payai que la moitié d'un Taleire. (*a*)

Le foin par exemple ne s'y vend point, il est permis à tout le monde d'en prendre autant qu'il lui plaît, on paye seulement la voiture, & la peine de celui qui le coupe.

Après avoir passé la Sarre, nous entrâmes dans la (*b*) Pannonie qui est si belle, si fertile, & si abondante

(*a*) Taleire étoit une monnoye d'Allemagne qui avoit cours en Hongrie ; chaque Taleire valoit de monnoye de France environ 4 liv.

(*b*) La Pannonie qui fait aujourd'hui une partie de l'Autriche, plus de la moitié de la Hongrie, l'Esclavonie, la Bosnie toutes entiéres, & un peu de la Servie, ne faisoit autrefois qu'une seule Province, aussi étoit-ce la plus grande de l'Europe ; ses limites à l'Orient étoient le Danube, le Mont d'Or, & la riviere de la Sarre ; elle fût la premiere Conquête de Philippe Roy de Macédoine, elle a été aussi Tributaire des Romains, & après la décadence de cet Empire, les Huns, vagabonds par état, trouverent le pays si fertile, comme dit Busbec, qu'ils s'y fixerent ; la partie qu'ils habiterent est la Hongrie que l'on a appellée de leur nom *Huns*.

en toutes les commodités de la vie, que nous ne pûmes assez louer le bon goût des anciens Hongrois de l'avoir choisie pour en faire leur demeure ; elle nous paroissoit d'autant plus féconde, qu'avant de passer la Mer nous avions traversé une immensité de pays dans lequel nous n'avions vû que de mauvaises herbes brûlées par les ardeurs du soleil, de l'orge, du froment, & des avoines desséchées. L'herbe ici étoit au contraire si haute que ceux qui marchoient derriere ne voyoient pas ceux qui les précédoient, quoique très-peu éloignés les uns des autres, rien assurément ne prouve mieux la bonté du terroir.

La Rascie commence à Simandrie, & s'étend jusqu'au Drave. Les hommes qui l'habitent sont-très grossiers, & de leur naturel un peu voleurs ; d'où vient leur nom & leur origine, je l'ignore ; je sçai seulement qu'ils paroissoient pleins de zèle & d'affection pour nous. Pour arriver à Essek, qui est la plûpart du tems inaccessible, étant environnée de ruisseaux, qui font une bouë épouvantable, nous passâmes par quelques endroits dont les chemins en tout tems ne sont

du Baron de Busbec. 203

guères plus pratiquables. Cette petite Ville est fameuse par la défaite totale d'une de nos Armées. (*a*)

A *Essek* la fiévre tierce me prit, & je crois n'en devoir attribuer la cause qu'aux grandes chaleurs que nous souffrions en traversant les plaines de la Hongrie. D'*Essek* nous passâmes le Drave, & nous allâmes à *Lasquen*, où je pris un peu de repos; aussi-tôt que les (*b*) Décurions de la Ville sçûrent mon arrivée, ils vinrent me complimenter, & m'offrir des présens; c'étoient des melons d'une grosseur prodigieuse, des poires, des pommes de plusieurs especes, du pain & du vin ; on mit tous ces fruits sur une table dans ma chambre pendant que je re-

(*a*) Cette bataille fût donnée quelque tems après celle de Mohats, elle s'appelle Harsa.

(*b*) Les Décurions ont été établis par les Romains ; il y en avoit de deux especes ; ceux du premier ordre, étoient des Officiers de guerre qui commandoient dix hommes; ceux du second étoient des Magistrats de Police établis dans les Villes pour avoir soin de l'entretien des Murs & des Fortifications, pour payer les gens de Lettres établis par les Empereurs pour instruire la jeunesse ; ceux-ci étoient ce que sont en France les Maires & les Echevins : c'est de ces derniers dont parle Busbec.

posois, de façon que je ne m'en apperçûs point; en m'éveillant, je jettai les yeux dessus, rien ne peut égaler ma surprise, je restai long-tems dans le doute si je veillois ou si je dormois encore, il me sembloit voir la corne d'abondance ; enfin je demandai à mon Médecin ce que cela signifioit, il me dit que ces fruits étoient des présens que la Ville me faisoit, & que pour me récréer la vûe, il les avoit fait mettre dans ma chambre ; ils me parurent si bons que j'aurois voulu les manger tous ; je demandai à Quaquelben, si au moins je ne pouvois pas en goûter, il me le permit, mais à cette condition, que je m'en tiendrois exactement à ce que je lui demandois, j'en pris un peu de tous, ce qui m'amusa beaucoup en me fortifiant un peu le cœur ; ces fruits étoient d'un goût exquis, mais comme je vous ai déja dit, ce pays est si bon & si bien exposé qu'il n'y peut croître rien de mauvais : on avoit fait des préparatifs pour me traiter, mon indisposition fût cause que je ne pûs répondre à leurs intentions, mes gens en profiterent, on leur servit un souper composé des mets les plus recherchés & les mieux accommodés. Le lendemain ces Magistrats revinrent me faire visite, & me prièrent de porter des plaintes de leur part au Roy, des injures qu'ils recevoient tous les jours, des Turcs, leurs mauvais voisins.

De là nous allâmes à *Mohast*, c'est là où périt l'infortuné Louis Roy de Hongrie avec toute son armée. Je vis ce ruisseau étroit, qui coule entre deux rochers, dans lequel il se précipita avec son cheval : le souvenir de sa mort me l'a fait toujours déplorer. Quelle imprudence aussi dans ce jeune Prince ! avec une poignée de soldats levés à la hâte, dont la majeure partie étoit des paysans qui ne sçavoient ni attaquer ni se défendre, oser s'opposer à une armée nombreuse de soldats bien aguéris, & bien commandés : quelle témérité ! & s'il ne fit pas de lui-même cette entreprise, pouvoit-on lui donner un conseil plus pernicieux ?

De *Mohast* j'allai à *Tolne*, de *Tolne* à *Felduar*, de-là je passai dans une Isle que forme le Danube, qui est fort grande, & que les Habitans appellent *Cophin*. Je repassai ensuite le

Danube pour aller à *Bude*, j'y arrivai le 4 d'Août, 11 jours après mon départ de Belgrade ; il mourut beaucoup de mes chevaux dans cette route, l'orge nouveau qu'ils mangeoient les étouffa, joint à l'eau qu'ils buvoient qui étoit trop froide; pour moi je me fauvai de beaucoup de périls, fur-tout du pillage des voleurs, qui mettent la défolation dans tout ce pays; nous fçûmes à quelque tems de-là les dangers que nous avions couru par l'aveu même que quelques-uns de ces miférables firent, étant pris, avant d'aller au fupplice auquel le Bacha de Bude les avoit condamnés.

Ils dirent qu'ayant appris que nous devions paffer, ils s'étoient cachés fur les bords d'une petite riviere, auprès d'un Pont, à deffein de nous furprendre lorfque nous ferions deffus. Il ne feroit pas difficile effectivement quoique l'on fût beaucoup de monde, d'être attaqué & enveloppé fur ce Pont, par un très-petit nombre, il eft extrêmément mauvais, plein de crevaffes, fans gardes-fols dans beaucoup d'endroits, un homme à cheval ne peut faire aucun mouvement, quelqu'adroit qu'il soit, sans risquer de tomber avec son cheval dans l'eau; les uns attaquans de front, d'autres restent par derriere pour faire face en cas de fuite, & d'autres qui se cacheroient dans des arbrisseaux & dans de grandes herbes tireroient dans le flanc, de façon que ce Pont est cent fois plus dangereux que ne furent autrefois * les *Fourches Caudines*, ici il faut mourir, ou au moins être pris & dépouillé. Je ne puis vous dire pourquoi ces coquins, malgré les précautions qu'ils avoient prises, ne nous attaquerent pas : peut-être notre grand nombre leur fit peur, ou par considération pour les Hongrois qui nous accompagnoient, où plûtôt parce que marchans de fil nous ne nous trouvâmes pas tous à la fois sur le Pont, ce qui empêchoit qu'ils ne pussent nous envelopper; quoiqu'il en soit, nous arrivâmes à Bude sains & saufs.

Je n'y trouvai point le Bacha, il étoit allé passer des troupes en revue,

---

* Les Fourches Caudines étoient des gorges de Montagne dans le pays des Harpins, où les Romains s'étant témérairement engagés, furent tous égorgés.

ainsi qu'il est d'usage, dans ces plaines qui sont proches de Pesth. (a) Comme il étoit nécessaire que je le vis, je fus obligé d'aller le joindre, mais le nombre des Sangiacs qui vouloient comme moi avoir audience, joint à la multitude de Soldats qui arrivoient de toutes parts, furent cause que je ne pûs lui parler que trois jours après mon arrivée.

Dès qu'il me vit il se plaignit des torts & des malversations de quelques Hongrois; ceci ne m'étonna point, il est d'usage que ces deux Nations alternativement se plaignent l'une de l'autre, & qu'elles se demandent mutuellement ou des réparations ou des restitutions; il ajouta cependant à ces plaintes certaines menaces, qui à la vérité ne furent pas trop de mon goût. Il pensoit sans doute, que me trouvant au milieu de son Armée, j'en serois intimidé; je lui répondis en deux mots, que je croyois qu'il ne me faisoit des plaintes des Hongrois qu'à dessein

(a) Pesth appellée par les Latins *Pestum*, est de forme quarrée, & située sur les bords du Danube, dans une plaine fort grande & fort agréable; elle est éloignée de Bude environ de quatre lieues.

de me prévenir sur celles que j'avois à lui faire avec raison des Turcs ; que dans ma route j'avois rencontré de ses Soldats qui avoient pillés & volés des pauvres Chrétiens, sujets du Roy mon maître, & que je sçavois d'ailleurs que ces sortes de brigandages arrivoient tous les jours ; à quoi il me répondit, qu'il n'étoit rien moins que ce que je lui disois, que ces Chrétiens dont je parlois, avoient été rébelles aux ordres de Soliman, duquel ils étoient sujets, & que pour les punir, il les avoit livrés à des Soldats. Après nous être ainsi disputés, je le quittai, je commençois à me sentir épuisé, & l'accès de ma fiévre redoubloit.

Le jour suivant je partis pour *Grand*, prenant quelques Turcs avec moi pour m'escorter ; je ne fis point de séjour dans cette Ville, le lendemain j'en partis avec dessein de passer le Danube, & d'aller coucher dans un petit Village qui est au-delà, afin que j'arrivasse le jour suivant de meilleure heure à Commaronium ; ce n'étoit que pour soutenir plus facilement l'accès de ma fiévre, qui devoit me prendre ce jour-là, que je voulois faire diligence : vous allez voir quel fut l'iſſue de toutes mes précautions.

En partant je priai notre conducteur d'envoyer devant quelqu'uns de ſes Turcs pour jetter des pontons ſur le fleuve afin que nous ne ſouffriſſions point de retardement : Cependant cet homme, pour des raiſons qu'il ne voulut pas me dire, fit quelque difficulté à m'accorder ce que je lui demandois, mais ne voulant pas abſolument me déſobliger, il fit partir deux de ſes Cavaliers, ſe ſervant en même tems de l'occaſion pour avertir le Sangiac de Grand de mon arrivée.

Une heure apèrs que nos deux Emiſſaires nous eurent quittés, ils apperçurent quatre Cavaliers qui s'étoient mis à l'ombre ſous un arbre un peu écarté du grand chemin ; ceux-ci croyant que c'étoient des Turcs, les voyans habillés comme eux, s'avancerent, & leurs demanderent *s'il n'y avoit rien à craindre ſur cette route, ſi on n'entendoit point dire qu'il y eut des voleurs*, à quoi ces quatre eſtafiers ne répondirent mot, mais mettant auſſi-tôt le ſabre à la main, ils fondirent ſur ces deux Tucrs, & couperent le nez à l'un, de façon qu'il lui pendoit sur le menton ; mal-à-propos avoit-il mis pied à terre, ils lui prirent encore son cheval qu'il trainoit par la bride, qui étoit assez beau, & lui donnerent à la place un des leurs qui n'avoit que la peau & les os. Cette expedition & le change fait du cheval, ils prirent la fuite ; nos Turcs de leur côté croyant que c'en étoit fait d'eux, retournerent sur leurs pas, faisans des cris affreux, & nous avertissant *de nous tenir sur nos gardes, que nous nous préparassions au combat, qu'il falloit fondre avec violence sur l'embuscade, qu'ils avoient découverte.* Ce Turc sans nez étoit pour moi un objet qui m'excitoit plutôt à rire qu'à me battre, je montai cependant à cheval afin de commander & d'encourager ma Troupe, & nous avançâmes en ordre de bataille; mais tout ceci fut inutile, il n'y avoit plus de combat à essuyer. Ces gens-ci n'en vouloient qu'au butin, ce n'étoit point pour la gloire qu'ils se battoient, & comme ils avoient entendu les deux Turcs crier au secours, ils avoient, comme je vous ai dit, pris aussi-tôt la fuite, & gagnoient *Giaurinum*, qui est une place qui nous appartient & de la Garnison de laquelle ils étoient. Ces Turcs nous montroient le chemin qu'ils avoient pris avec tant d'empreſſement, que j'ai lieu de croire qu'ils auroient bien déſirés que nous les euſſions pourſuivis.

Nous continuâmes au contraire notre route, & ſans autre accident, nous arrivâmes à *Grand* ; le Sangiac vint me voir le lendemain, & me fit mille amitiés, les Turcs ne manquerent pas de le prévenir ſur la cataſtrophe qui leur étoit arrivée ; auſſi dans les plaintes qu'il me fit de quelques Hongrois, il n'oublia pas le nez coupé ; il me pria de faire punir l'inſolence de ces Soldats, me faiſant obſerver que je pouvois moi-même juger de leurs brigandages, puiſqu'ils n'avoient pas même, dans cette occaſion, reſpecté l'Ambaſſadeur de leur Roy, & que je n'avois pû les retenir, mais ſur tout que j'euſſe ſoin de faire rendre le cheval. Pendant que le Sangiac cauſoit avec moi, j'entendois le Turc marmotter d'une voix raucque, & crier d'un ton lamentable, *qu'au moins je lui donnas quelque choſe pour le conſoler* ; il avoit la tête entortillée de chiffons, & de je ne ſçais combien de guenilles pour ſoutenir ſon nez qu'il s'étoit fait coudre. En reconduisant le Sangiac, je lui donnai deux ducats d'or, ce qui ne parût pas le contenter, mais le Sangiac le renvoya, & lui dit que c'étoit assez cher payer un nez fait comme le sien ; au reste, il n'avoit aucun droit pour se venger de son malheur sur ma bourse.

Ayant donc tout terminé avec ce Sangiac, je suis parti le même jour pour me rendre à Commaronium, où heureusement j'ai attendu ma fiévre en vain ; le tems dans lequel elle avoit accoutumé de me prendre est arrivé sans que j'aye senti le plus petit frisson ; rien ne m'a mieux persuadé de l'origine de cette fiévre, elle étoit turque, & elle n'a pas osé me suivre dans un pays où il n'y a que des Chrétiens ; il y a apparence qu'elle m'a laissé où mon Turc a perdu son nez.

C'est là où j'ai commencé à rendre graces à Dieu de m'avoir en même tems conduit au terme d'un si long voyage, & délivré de tant de maux. Deux jours après je suis arrivé à Vienne, je n'y ai point trouvé Ferdinand, mon Roy & mon bon Maître, mais Maximilien (*a*) son fils y est. Ce Prin-

(*a*) Maximilien II. étoit pour lors Roy de

ce m'a marqué tant de bonté, qu'il m'a presque fait oublier les peines & les fatigues de mon voyage; cependant je suis tellement exténué par la maigreur & la maladie que la mal-propreté des Turcs & les incommodités de la route m'ont occasionnées, que plusieurs personnes doutent si cette Nation, perfide en tout, ne m'a point fait prendre quelque poison lent.

J'eus l'honneur il y a quelques jours de faire ma cour à (a) l'Archiduc qui étoit ici, je m'apperçus qu'il demanda à quelques-uns de ses Officiers qui j'étois, on lui répondit autant que je pûs entendre, que j'étois celui qui venoit de Turquie, & on lui ajouta qu'il ne devoit pas être surpris de me voir une si mauvaise mine, que tous

Boheme; il trouva le moyen à quelque tems de-là à la faveur de quelques troubles de se faire élire Roy de Hongrie & des Romains; il fut aussi appellé à la Couronne de Pologne, après qu'Henry de France l'eût quittée pour venir prendre celle de ses peres, mais cette élection au Trône devoit être suivie d'une condition qu'il n'accomplit point, ce qui fit qu'il fut obligé de l'abdiquer. Il succéda à l'Empire après la mort de son pere Ferdinand.

(a) Ferdinand Archiduc d'Inspruch, étoit le second fils de Ferdinand I. Roy de Hongrie pour lors, & depuis Empereur.

ceux qui revenoient de ce Pays, la portoient égale à la mienne; sans doute que l'on vouloit dire que je n'avois vécu dans mon voyage que de morille, ainsi qu'avoit fait autrefois Claudius; mais je suis dans l'usage de ne rien répondre à ces sortes de discours, j'ai même feint de ne pas entendre celui-ci. Je ne suis occupé que de ma santé que je sens s'affermir tous les jours, & je ne doute pas que prenant du repos je recouvrerai en peu ma couleur, mes forces & mon embonpoint.

Dès que j'ai été arrivé j'ai eu l'honneur d'écrire au Roy pour lui faire part de la treve de six mois que j'ai obtenue, je lui mande confusément l'état dans lequel sont les affaires avec Soliman; lorsqu'il sera de retour de la Diete où il est, je lui ferai un détail plus exact de mon Ambassade.

Il y a ici beaucoup de gens qui me regardent avec des yeux pleins de jalousie, la plûpart de ceux-là, soit qu'ils eussent peur pour leur vie, soit qu'ils eussent quelqu'autres raisons, apprehendoient extrêmément que le Roy les obligeât de m'accompagner dans ce voyage, maintenant, me voyant de retour, ils ne sçauroient cacher le regret qu'ils ont de ne m'avoir pas suivi; mais comme dit Plaute, celui qui veut manger le cerneau doit casser la noix ; il y auroit de l'injustice de vouloir partager la récompense, avec celui qui seul a eu la peine.

Je vous donne dans cette lettre une relation aussi exacte de mes deux voyages de Constantinople & d'Amasie, que si je vous la faisois de bouche. La promptitude avec laquelle je vous écris doit vous engager à ne pas faire attention à la bassesse de mon stile ; d'ailleurs il ne seroit pas juste que vous exigiez de moi, étant aussi pressé & aussi occupé que je le suis, des beautés & des agrémens dans ma narration que je ne pourrois vous donner, quand même j'aurois tout le tems pour les méditer. Le seul avantage auquel je vous prie de vous attendre, & qui me paroît le plus essentiel, c'est la vérité dans tout ce que je vous ai écrit, tout est exactement conforme à ce que j'ai vû & à ce que l'on m'a dit. Si je n'apprehendois pas de vous paroître trop peu modeste, je vous dirois que ma conscience ne me reproche pas d'avoir fait un mensonge, même dans ma jeunesse ; ainsi portez

portez donc avec assurence des jugemens sur ce que vous apprendrez de moi. Continuez à vous bien porter, ce sont mes vœux les plus ardens.

A Vienne en Autriche, aux Calendes (a) de Septembre 1555. (b)

(*a*) Les Calendes, c'étoit tous les premiers jours du mois ; chez les Romains elles étoient consacrées à Junon.

Ce nom de Calendes n'étoit en usage que parmi les Latins, les Grecs ne s'en servoient point, c'est ce qui fit dire à l'Empereur Auguste en écrivant à un de ses amis, qu'il vouloit badiner sur l'insolvabilité de ses débiteurs, qu'il pouvoit se tenir tranquille, & qu'ils le payeroient aux Calendes Grecques, *ad Calendas Græcas soluturos* ; ce qui vouloit dire sérieusement qu'ils ne le payeroient jamais.

(*b*) Je suivrai dans ma traduction le sentiment de Bayle sur la date des Lettres de Busbec ; sa critique est fort judicieuse ; il est démontré que Louis Carion qui est le premier qui les ait publiées s'est trompé d'un an ; celle-ci dans l'original est dattée de l'an 1554, comment Busbec partant de Vienne au mois de Novembre de cette même année, auroit-il pû aller à Constantinople, de-là en Asie, & revenir dans le reste de l'année ; d'ailleurs le mois de Septembre est antérieur au mois de Novembre, & on ne revient pas d'un endroit que l'on n'y soit auparavant allé. C'est donc en 1555 que cette Lettre est écrite, Busbec étant parti en 1554 le 3 de Novembre.

II. LETTRE.

J'Ai reçu votre lettre, par laquelle vous me marquez avoir oüi dire que j'étois retourné à Constantinople; ce second voyage vous surprend, à cause du portrait désavantageux que je vous ai fait du Pays, ce qui vous engage à me demander avec empressement, qui peut m'avoir obligé de l'entreprendre, quelle est la route que j'ai tenue, dans quel état j'ai trouvé nos affaires à cette Cour, comment j'y ai été reçu, si je me porte bien, quel est enfin le genre de vie que je mene, & si j'espere être bien-tôt de retour. Je vais avec plaisir répondre à tous ces articles.

On ne vous a pas trompé comme vous voyez sur ce second voyage, & je me persuade que lorsque vous sçaurez que je m'y étois engagé, vous cesserez d'en être surpris; rappellez-vous que la premiere fois que je suis venu ici, c'étoit pour y rester en qualité d'Ambassadeur ordinaire, & comptant que la paix se feroit; comme j'ai vû que nous ne devions pas totalement défesperer de la conclure, je n'ai pas apprehendé d'y reparoître sous cette qualité, & c'est *incognito* que je m'en étois retourné; ainsi ayant une fois accepté l'Ambaſſade, il faut que j'en exécute tous les ordres ; au reste je tiens ma parole, rien donc en cela qui doive vous étonner ; la paix, la guerre ouverte ou une longue treve, va être le sujet de mes négociations, & soyez persuadé que je m'exposerai sans effroi aux plus grands perils, plutôt que de (*a*) céder à l'ambition des Turcs, la Tranſilvanie.

Ferdinand, comme je vous ai dit dans ma précédente lettre, n'étoit point à Vienne lorsque j'y suis arrivé, il étoit allé à la Diete ; auſſi-tôt qu'il en a été de retour, il m'a donné une audience publique, dans laquelle je

(*a*) On a dit dans la précédente Lettre que la Tranſilvanie faisoit le sujet de la guerre ; la Reine Iſabelle l'avoit rendue Tributaire du Turc ; Ferdinand l'ayant acquiſe par des échanges avec cette Princeſſe, prétendoit ne point succéder dans ses engagemens, & plus il refusoit à Soliman, plus celui-ci demandoit; d'abord, il ne vouloit éxiger que la Penſion, sur le refus qu'en fit Ferdinand, il dit qu'il vouloit même la Province.

T ij

lui ai rendu compte de mon Ambassade, sur l'heure il m'a ordonné de me tenir prêt pour porter ses réponses à Soliman : j'ai obéi.

Nous étions pour lors en hyver, le froid, les pluies & le vent rendoient l'air d'une intemperie insoutenable ; jugez du mal que j'ai souffert dans la route, joint aux inquiétudes que j'avois sur la réception que l'on alloit me faire à Constantinople ; j'avois lieu d'augurer qu'elle seroit très-mauvaise, je n'écrivis pas même pour annoncer mon retour, parce que je n'avois aucune bonne nouvelle à mander. Ceci va redoubler votre surprise, & vous direz sans doute qu'après avoir souffert tant de peines & couru de si grands dangers dans mon premier voyage, vous vous persuadez difficilement que j'ai osé en entreprendre un second, à quoi je répond : que si je merite quelques louanges pour le premier voyage, le second est plus glorieux encore; la gloire d'ailleurs est toujours mesurée sur la grandeur des dangers & sur la difficulté de l'acquerir.

C'est enfin au mois de Novembre que je suis parti ; j'abuserois de votre patience si je vous faisois le détail de ma route, nous sommes passés dans ce second voyage par les mêmes endroits précisément que dans le premier; peut-être les oreilles vous font-elles encore mal du recit ennuyeux de tant de bagatelles que je vous ai écrit dans ma premiere lettre; je ne vous en écrirai aucunes dans celles-ci.

Je suis arrivé à Constantinople dans les premiers jours de Janvier, extrêmément fatigué & très-affligé de la mort du plus fidéle de mes domestique, qui étoit arrivée en chemin. J'ai trouvé mes deux collegues en bonne santé & de grands changemens à cette Cour; Bajazet second fils de Soliman, a fait pendant mon absence quelques secretes entreprises que l'Empereur a découvert, sa mere s'est interessée pour lui, elle a calmé la fureur de Soliman, & il est rentré en grace : Achmet Grand Visir, a eu le lacet & Rustan a été mis à sa place. Je vous ferai dans un instant l'histoire de ces grands évenemens; je veux auparavant vous raconter la mauvaise réception que les Bachas m'ont faite.

L'usage est qu'on les aille voir avant de paroître à l'audience du Grand

Seigneur ; je n'ai eu garde d'y manquer, mais Ciel quelle curiosité ! Quel empressement à me demander les réponses que j'apportois ! A peine étois-je entré qu'ils me faisoient des questions : leur colere & leur indignation a suivi de près mes réponses : dès que je leur ai eu dit que le Roy mon Maître ne vouloit rien ceder de ses droits, & qu'il croyoit au contraire de la derniere équité qu'il gardât les traités qu'il avoit faits dans la bonne foi & avec pleine liberté avec la veuve du Vayvode ; je ne sçaurois vous dire toutes les mauvaises façons qu'ils ont eu pour moi. Cette Nation accoutumée depuis si long-tems aux heureux succès, s'imagine que tout ce quelle désire est juste, qu'elle doit l'obtenir, & qu'au contraire il ne seroit injuste que parce qu'elle n'en voudroit pas. Sur ce principe ces Bachas m'ont fait les menaces les plus terribles si j'étois assez osé pour paroître devant le Grand Seigneur avec mes réponses. *Combien êtes-vous*, me disoient-ils, *pour annoncer de telles nouvelles à Soliman, il s'appercevra sans peine que vous le jouez, & soyez persuadé qu'il vous en fera sentir toute la force de son ressen-*

timent ; ils m'ajouterent *qu'il revenoit avec une Armée nombreuse, tout couvert de gloire , qu'il avoit fait sa paix avec les Perses, que la mort de son fils, à laquelle lui-même l'avoit condamné parce qu'il avoit osé se revolter contre lui, devoit nous saisir de crainte. Que peut-il lui arriver de plus heureux,* nous disoient-ils encore, *que le refus de votre Roy, par-là Soliman est en droit de lui faire la guerre, & de conduire son Armée en Hongrie pour la dédommager sur les dépouilles des Hongrois des fatigues qu'elle a souffertes en Asie , dans peu il aura conquis le reste de ce petit Royaume , ce qui cependant ne seroit pas une perte de peu d'importance pour Ferdinand.*

Le resultat de tous ces propos, étoit pour plus sage conseil qu'ils pouvoient me donner dans ces circonstances , de ne point me présenter à l'audience de leur maître; ils refusoient d'ailleurs de m'y introduire , appréhendans , disoient-ils, s'ils prenoient cette commission , d'être enveloppés dans le malheur dont ils me voyoient menacé avec certitude ; *pourquoi troubleriez-vous,* m'ajouterent-ils encore, *le repos de Soliman ? Le seul fruit que vous puissiez en esperer sont les plus grands maux, & ils viendront d'eux mêmes assez tôt.*

C'étoit sur le même ton que me parloient tous les autres Turcs, la plûpart me disoient que ce qu'il pouvoit arriver de plus heureux à mes deux collegues & à moi, étoit que l'on en mit deux au fond d'un cachot, & que l'on renvoyât le troisiéme après lui avoir coupé le nez & les oreilles; comme j'étois le premier en dignité, ce dernier parti de droit devoit être le mien; nos Hôtes ne nous traitoient pas avec moins d'inhumanité, & nous n'avions de ceux qui logeoient avec nous & des voyageurs, que des mines épouventables & des regards terribles: tout ceci, je vous l'avoue, étoit pour nous de très-mauvais augures.

Sans doute les Bachas rendirent compte à Soliman de ce que j'avois à lui dire de la part de Ferdinand, & sans vouloir m'entendre, il ordonna que l'on nous mit dans une étroite prison, avec défense à qui que ce soit de nous visiter, ne permettant même pas à nos Domestiques d'aller par la Ville pour vacquer à nos besoins; enfin on nous traite ici avec tant de dureté, qu'il semble que nous sommes plûtôt des captifs que des Ambassadeurs ; voici le sixiéme mois de notre esclavage, & nous sommes très-incertains de sa fin, & s'il ne nous arrivera rien de plus fâcheux, nous sommes resignés à la volonté de Dieu dans tous les évenemens, nous joindrons à ce motif de consolation, si l'on nous fait de plus grands maux, celui de les souffrir pour le bien & l'honneur de notre patrie. Je vais maintenant vous parler de Bajazet, comme je vous l'ai annoncé, mais pour vous en faire l'histoire complette, je crois qu'il est nécessaire de vous rappeller ce que je vous ai dit dans ma premiere lettre, de sa mere & de ses freres.

Soliman avoit donc eu cinq garçons, l'un d'une concubine appellée Bosphorone, (*a*) & c'étoit l'infortuné Mustapha, dont je vous ai écrit la fin

(*a*) Elle étoit Géorgienne, réunissant tous les dons de la nature, d'une taille avantageuse, le cœur noble & généreux, le caractère doux & affable, les qualités de son ame ne le cédoient en rien aux beautés & aux agrémens de sa figure ; elle mourut jeune.

si tragique, & quatre de cette megere Roxolane qu'il avoit épousée; ceux-ci s'appelloient Mahomet, Selim, Bajazet & Giangir; de ces quatre il ne reste plus que Selim & Bajazet; Mahomet est mort * quelque tems après s'être marié, Giangir l'est aussi, mais d'ue façon singuliere. Ce jeune Prince ayant appris la triste fin de son frere aîné Mustapha, en fut si fort épouvanté, joint à ce qu'il ne jouissoit pas d'une bonne santé, & qu'il avoit l'esprit un peu foible, qu'il s'imagina que dans peu il auroit le même sort s'il ne prevenoit pas la mort de son pere, il l'a regardée au moins comme devant être le terme de sa vie; enfin toutes ces idées l'ont frappé si vivement, qu'il est mort de frayeur.

Il ne reste donc plus, ainsi que je vous ai dit, que Selim & Bajazet; Selim joint à son droit d'aînesse l'amitié de Soliman, l'un & l'autre lui sont des

* Busbec se conforme à l'usage des Turcs, touchant leurs mariages dans la maniere dont il parle de celui de Mahomet. Lorsqu'un Turc prend une Concubine, il dit qu'il se marie également que lorsqu'il épouse une femme avec dot; ce n'étoit qu'une Concubine que Mahomet avoit prise.

garans bien furs de la poffeffion de l'Empire ; Bajazet n'a pour lui que l'affection de fa mere, que la compaffion d'une mort prochaine & inévitable, lui rendent encore plus cher; perfonne ne doute que fi cette Princeffe pouvoit difpofer à fon gré de la Couronne, elle ne préferât celui-ci à Selim ; mais Soliman maître du choix, a prévenu toute conteftation à ce fujet, il a pris des précautions fi fures, que Selim eft affuré de regner après fa mort.

Bajazet n'ignore rien de tous ces arrangemens, ce qui le rend attentif à chercher uue occafion qui puiffe lui faire éviter la rigueur du fort dont il feroit menacé, & le faire tomber fur fon frere ; l'amitié de fa mere & celle de Ruftan animent fes efperances. D'ailleurs il s'eft toujours fait gloire de dire qu'il aimoit mieux perdre la vie & fa fortune en combattant pour l'Empire, que de recevoir le lacet des mains de fon frere lorfqu'il fera fur le Trône, en lâche & comme une victime.

Telles étoient les idées de Bajazet qu'il rouloit depuis long-tems dans fon efprit ; déja il ne diffimuloit plus fa haine pour Selim, lorsque la mort de Mustapha se présenta comme pouvant être une occasion favorable à ses desseins; ce Prince avoit été si généralement aimé, & sa fin si cruelle & si barbare, qu'il n'étoit personne qui ne le regrettât encore; c'étoit sur son amour pour le peuple & pour la justice que la plûpart avoient mis leurs espérances, & tous cherchoient avec le dernier empressement le moment de venger sa mort, aux dépens même de leur vie; ceux qui lui avoient été attachés vivoient toujours dans la crainte, & il n'étoit point de condition qu'il ne leur parût préférable à leur position actuelle, aussi désiroient-ils d'exciter un trouble dans le Gouvernement, espérant d'y trouver un moyen pour se rassurer; bien disposés à une sédition, la seule difficulté qui leur restoit, étoit de trouver un Chef; Mustapha ne pouvoit leur en servir, il étoit mort, mais il pouvoit revivre dans un autre, & le succès parroissoit certain.

Voilà sur quoi Bajazet appuya son projet, toutes les circonstances lui en parurent heureuses, il résolut de l'éxécuter; ceux qui lui étoient le plus inviolablement attachés, & ausquels il le proposa, l'approuverent, & lui donnerent un homme, quoique de la populace, d'une impudence & d'une hardiesse à tout entreprendre ; son audace étoit soutenue dans le rôle qu'il alloit jouer d'une ressemblance parfaite de figure au feu Mustapha, avec cet avantage il promit d'en soutenir le personnage dans les plus grands risques.

D'abord il se montra comme un fuyard du côté de Nycomédie, & parcourut tout ce pays qui est entre le Danube, la Moldavie & la Valachie. Sous ce nom, il esperoit trouver dans ces cantons de grands secours; les Habitans du pays avoient été extrémement attachés à Mustapha, & étoient en état de mettre sur pied beaucoup de Troupes, sur-tout de Cavalerie; il s'arrêta là, feignant de n'avoir d'autre dessein que de se reposer des fatigues d'un long voyage; il avoit peu de monde à sa suite, afin de mieux se déguiser, & comme c'est l'usage, lorsqu'on demandoit à ses gens *qui étoit leur maître*, ils ne répondoient d'abord qu'avec des soupirs, & étant de nouveau questionnés, ils faisoient certains signes avec mystére & précaution, qui donnoient à entendre que c'étoit Mustapha ; lui-même quelquefois, comme par inadvertance se faisoit connoître ; ce jeu fut si bien joué qu'il réussit en peu, à faire de son arrivée le secret public, & il n'étoit personne qui ne fût curieux de le voir ; enfin quand il fut une fois reconnu de tous, chacun s'empressoit à venir lui faire des offres de services, Mustapha lui-même n'auroit pas mieux exprimé les sentimens de sa véritable reconnoissance que cet imposteur les affectoit, il ne cessoit de se féliciter sur sa bonne étoile qui l'avoit conduite parmi de si honnêtes gens, *il en rendoit, leur disoit-il, plus de graces à Dieu, que de l'avoir sauvé du sort malheureux qu'on lui avoit préparé*, ensuite il leur faisoit le récit des duretés que son pere avoit toujours eues pour lui, & leur contoit ainsi son histoire.

« Je n'ignorois pas, disoit-il, com-
» bien Soliman étoit irrité contre
» moi, lorsqu'il me manda d'aller le
» trouver à Amasie ; ses ordres me fai-
» sirent de crainte, & je n'osai obéir.
» Pour lors mes amis me conseille-
» rent de faire de grandes promesses

» à un homme qui me ressembloit
» assez, & de l'engager d'y aller à ma
» place ; ils me firent sentir qu'il fal-
» loit, aux risques même de la vie de
» ce misérable, que je fûs assuré des
» intentions de mon pere avant de
» m'exposer à la fureur de sa colere ;
» cet homme a accepté la commis-
» sion, & avant même qu'il soit arrivé
» au Camp de Soliman, il s'est trouvé
» des gens postés à dessein, qui l'ont
» inhumainement étranglé ; ils ont
» ensuite jetté son corps devant la
» tente de mon pere, il y en a eu
» beaucoup à la vérité à qui cette
» ruse n'a pas été cachée, mais la
» plus grande partie s'y est laissé trom-
» per, croyans, dans le doute où ils
» auroient pû être par les défauts de
» ressemblance, que c'étoient les dou-
» leurs de la mort qui avoient changé
» les traits de mon visage. Vous sen-
» tez bien qu'après avoir appris toutes
» ces choses, la fuite étoit le seul
» parti que j'eusse à prendre pour met-
» tre ma vie en sûreté, & en effet, je
» ne l'ai pas mis en délibération, j'ai
» pris peu de monde avec moi, afin
» de me cacher plus sûrement ; j'ai
» passé par le Pont, & cttoyé le

» Bosphore pour venir dans ces con-
» trées, persuadé que plus qu'ailleurs
» j'y trouverois des amis & des se-
» cours ; fasse le Ciel que vous fécon-
» diez mes esperances ! Je vous en con-
» jure, ne m'abandonnez pas, mon
» attachement pour vous égale celui
» que j'ai pour la vie, & je ne cher-
» che à me la conserver que pour vous
» rendre heureux. Je méritois autre-
» fois votre amitié ; le crime & la
» haine de Roxolane auroient-ils
» changé vos cœurs ? Seriez-vous as-
» sez lâche pour n'oser aujourd'hui me
» donner des marques de cette fidé-
» lité que vous m'avez jurée tant de
» fois ? Non mes chers amis, vos sen-
» timens sont bien plus nobles, je
» vois au contraire que votre amour
» pour moi & pour la justice, vous
» porteroit aux derniers excès de
» vengeance contre cette cruelle ma-
» ratre ; calmez-vous, voyez en moi
» votre chef & suivez-le. Mon dessein
» n'est pas autre que de venger l'injure
» de cette barbare, & de mettre par la
» force des armes ma vie à couvert de
» ses attentats. . . . . . Car quel parti
» plus sage pourrois-je prendre dans
» les circonstances présentes ; ce n'est

« que

« que par la mort d'un autre & par ar-
» tifice que je vis ; l'Arrêt que mon
» pere avoit porté contre moi, & la
» cruauté avec laquelle il l'a fait éxé-
» cuter fur ce malheureux, m'empê-
» chent d'efperer de pouvoir calmer
» fa colere ; ma vie eft aujourd'hui
» indépendante de lui, ce n'eft qu'en
» le trompant que je l'ai confervée.
» ... eh quand je rentrerois en grace,
» pourrois-je me promettre d'y fur-
» vivre long-tems. Roxolane a juré
» ma perte, cette femme barbare s'é-
» tant par fes enchantemens rendue
» maîtreffe de l'efprit de Soliman, de
» concert avec Ruftan, ne lui feroient-
» ils pas l'un & l'autre commettre les
» plus grands crimes, & ce ne feroit
» que pour me porter le coup de la
» mort avec plus de certitude, s'ils
» fouffroient qu'on la différât ; mais,
» graces à Dieu, les amis & la raifon
» ne me manquent pas ; celle-ci pour
» ne plus m'expofer au danger, &
» avec le fecours de ceux-là, j'éloi-
» gnerai de moi tous les maux qui me
» menaçoient, & je me vengerai de
» mes ennemis. Ce n'eft qu'avec im-
» patience que les Janiffaires atten-
» dent mon fignal pour prendre les

» armes. Quelle quantité de bons Sol-
» dats qui accoureront à mon seul
» nom ? & combien de ceux qui me
» croyent mort changeront leurs lar-
» mes en joie par le plaisir qu'ils au-
» ront à me donner des secours ? je
» suis désiré dans mille endroits pour
» me mettre en sûreté en attendant
» que mes Troupes s'assemblent, &
» que je sois en état de marcher à leur
» tête.

Après que le ressuscité Mustapha eut ainsi parlé aux plus notables du Pays, il ne se cacha plus de personne ; comme un Missionnaire, il alloit chez tous les particuliers leur prêcher ce discours si touchant : ceux qui l'avoient suivi dans sa prétendue fuite, alloient de leur côté tenir les mêmes propos, & ce qui ne contribuoit pas peu à prévenir les esprits en sa faveur, & à les empêcher de douter de tout ce qu'il disoit, étoient beaucoup des gens que Bajazet avoit aposté, qui n'affectans d'autre interêt que celui de la cause commune, s'offroient les premiers à venger le faux Mustapha ; voilà comme Bajazet se fit en peu un parti considerable de gens qu'il ne connoissoit même pas.

Enfin l'artifice de ce ſtratagême a été conduit avec tant de prudence, que beaucoup qui avoient vû autrefois Muſtapha, & qui l'avoient reconnu après ſa mort lorſqu'on l'expoſa devant la tente de Soliman, ſe ſont laiſſés perſuader qu'ils s'étoient trompés, & que celui-ci étoit le vrai Muſtapha. Il en étoit de ceux qui avoient été attachés à ce Prince ou qui étoient de ſa Cour, en qui ſa mémoire & ſa figure étoit trop profondément gravée pour ſe laiſſer tromper ; ceux-la cependant pouſſés par la crainte & animés par la douleur & par la vivacité de leur reſſentiment, étoient les premiers à dire que Muſtapha vivoit encore, & que c'étoit lui-même ; ils voyoient d'avance avec plaiſir les troubles qui alloient s'exciter, depuis long-tems ils ſouhaittoient de mettre fin à des jours qu'ils traînoient dans la triſteſſe : l'occaſion leur paroiſſoit favorable, mourir & vanger Muſtapha étoit tout ce qu'ils déſiroient. L'impoſteur de ſon côté, continuoit avec fruit à ſe faire des proſelites, il gagnoit ceux-ci à force de belles promeſſes, pour ceux-là, c'étoit de grands ſentimens, & comme Bajazet avoit eu ſoin de lui donner de grosses sommes d'argent, il en gagnoit d'autres en leur en distribuant, les discours séducteurs desquels il accompagnoit ces présens, sembloient lui assurer le plus heureux succès, *ce sont-là*, disoit-il, *les tristes restes de mon ancienne fortune; que je suis heureux, chers amis de les avoir conservés, puisque vous ne dédaignez pas de les accepter!*

Aussi eut-il pour lui en très-peu de tems une grande quantité de monde, chaque jour le nombre augmentoit, ce devint enfin une Armée formidable, à la tête de laquelle il alloit marcher, lorsque les Sangiacs des environs en donnerent avis à Soliman; le danger leur parût pressant, ils ne déguiserent rien dans leur lettre, & la firent tenir à l'Empereur avec une diligence extrême. Soliman à l'ouverture soupçonna Bajazet pour être l'auteur du stratagême, il en fut d'autant plus affligé, qu'il le connoissoit entreprenant, hardi & adroit dans ses projets; prudemment il pensa qu'il ne devoit rien négliger pour dissiper celui-ci. Sur l'heure il fit réponse aux Sangiacs que si les choses étoient venues à ce point, il ne pouvoit en accuser que leur négligence, qu'ils auroient dû dès les commencemens parler ferme, & s'opposer aux progrès de l'imposture; mais puisqu'il y avoit tant à craindre, qu'il envoyoit à leur secours un de ses Visirs avec une bonne quantité de Soldats de sa garde; que s'ils ne vouloient pas cependant souffrir les derniers supplices, ils n'avoient qu'à mettre leurs soins à tout calmer par eux mêmes sans se reposer sur le Visir, mais qu'ils se saisissent sur tout du faux Mustapha.

Rien n'a mieux fait sentir combien cet évenement a allarmé Soliman, que le choix qu'il a fait lui-même des Soldats qu'il a envoyés au secours de ces Sangiacs; le nombre n'étoit pas considérable, mais c'étoient tous gens de confiance, & dont il connoissoit l'attachement; s'il eut envoyé indifféremment quelqu'autres Corps de Troupes, il avoit à apprehender qu'ils ne se laissassent gagner ou par l'argent ou par les promesses, & qu'ils ne tournassent leurs armes contre lui; d'avance, il n'ignoroit pas que le plus grand nombre des Janissaires, au seul nom de Mustapha, se revolteroient, autant pour venger la mort de ce Prince, que pour apporter du changement dans le

Gouvernement, & que la populace feconderoit leur entreprife; l'occafion paroiffoit favorable, Soliman en frémiffoit.

Dès que les Sangiacs eurent reçu les ordres de l'Empereur, ils firent tous leurs efforts pour prendre l'impofteur & pour affoiblir fon crédit par la frayeur qu'ils tâcherent de donner des tourmens & des fupplices que l'on préparoit aux rebelles; tous également menacés du même danger, ils fe font encouragés les uns & les autres, ceux-ci ont détourné ceux qui arrivoient; ceux la ont tâché de diffiper le gros de l'Armée; pendant ces opérations, le Bacha avec fa troupe marchoit à grandes journées, & il n'étoit pas éloigné lorfque (comme cela arrive prefque toujours) le trouble & la divifion fe font mis parmi les conjurés; la crainte a faifi les uns lorfqu'ils fe font vûs prêts d'un combat, d'autres qui n'avoient embraffé que foiblement le parti du prétendu Muftapha, font tout-à-coup devenus indifférens dans la querelle; tous enfin fans honte, & mettans en oubli les bienfaits & les promeffes de leur chef, l'ont abandonné, & fe font enfuis où ils ont crû

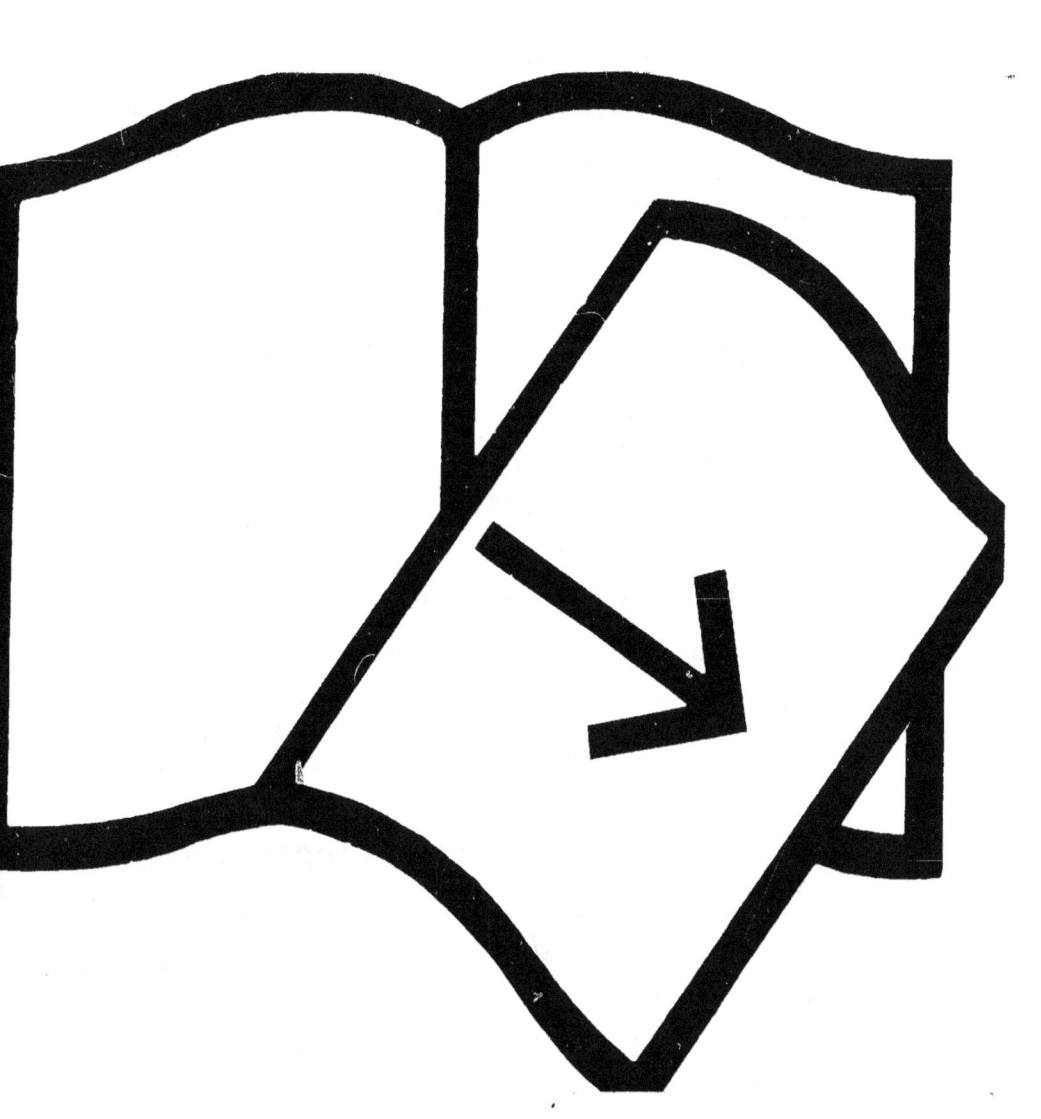

dans son ancienne place, que celui-ci n'occupoit que depuis la mort de Mustapha. Il n'étoit pas question de le déplacer & de le laisser survivre à sa disgrace, puisqu'on rapporte que Soliman en prononçant son arrêt, avoit dit qu'il valloit mieux qu'il mourût une fois que mille, ce qui lui seroit arrivé chaque jour, se voyant déplacé ; l'Empereur lui avoit d'ailleurs juré qu'il le laisseroit dans sa dignité jusqu'à la fin de ses jours ; n'étoit-il pas convenable qu'il lui tint parole ? si ses interêts particuliers & le bien de son Empire, n'eussent demandé que Rustan fût remplacé, il l'auroit continué Visir plus long-tems, il auroit plus vêcu aussi ; quoiqu'il en soit, il n'est plus : voici comme il est mort.

En entrant un jour du matin dans le Divan, avec cet air d'assurance (*a*) que les autres Visirs n'ont pas ordi-

(*a*) Le Divan étoit autrefois, comme il l'est aujourd'hui, le lieu où le Grand Seigneur fait sçavoir à ses Visirs leur Arrêt de mort quand il l'a porté, c'est aussi celui dans lequel ils s'éxécutent ; dans le tems que Busbec étoit à cette Cour, les révoltes, les séditions étoient bien plus communes qu'elles ne le sont aujourd'hui, & le Gouvernement bien plus se-

nairement, un Chiaou est venu lui annoncer de la part du Grand Seigneur qu'il vouloit que dans l'instant il mourût. Achmet a regardé cet homme fierement, & sans s'émouvoir l'a écouté; il en est à la verité bien peu qui soient d'une force d'esprit aussi grande qu'étoit celle dont il a donné des marques dans milles occasions. *Je mourrai*, a-t'il répondu, comme s'il lui eut été indifferent de vivre; dans l'instant le Chiaou s'est avancé pour lui mettre le lacet au col & l'étrangler, Achmet l'a repoussé avec mépris, lui disant qu'il ne convenoit pas, qu'ayant souillé ses mains dans tant de sang impur, il eut l'honneur de les tremper dans le sien : Jettant ensuite les yeux sur celui de l'assemblée qui étoit le plus son ami, il l'a conjuré de vouloir bien lui rendre ce dernier service ; cet ami plus intimidé que ne l'étoit Achmet, a refusé, il s'est rendu enfin aux pressantes sollicitations du Visir. Mais Achmat l'a

vère; la mort d'un Visir n'étoit pas une affaire, le cas étoit fréquent, ce qui les faisoit frémir chaque fois qu'ils s'assembloient dans le Divan. Busbec a dit les raisons pour lesquelles Achmet devoit être éxemt de ces frayeurs.

prié que quelques tems après qu'il auroit serré le lacet, il le relâchât un peu, & qu'il lui permit de respirer seulement une fois, après quoi il pourroit le resserrer jusqu'à ce qu'il fût étranglé.

Ceci vous paroîtroit sans doute une foiblesse dans Achmet, si je ne vous l'avois dépeint pour être d'une intrépidité à tout braver, pour moi j'ai pensé comme il étoit curieux de tout sçavoir, qu'il avoit voulu éprouver les douleurs de la mort, même avant de mourir; peut-être aussi désira-t'il d'aller faire choix d'un paradis, étant encore de ce monde, ou qu'il ne voulut pas se contenter de mourir pour une fois; dès que Soliman a sçû qu'enfin il ne vivoit plus, il a déclaré Rustan Grand Visir.

Quant à mon retour, duquel vous souhaitez que je vous dise le tems, je ne puis vous répondre autre chose, sinon *facilis descensus averni.* (*a*) On sçait à merveille le tems du départ, & on est toujours incertain du retour; je ne vous dirai rien de plus précis sur cet article, en attendant qu'il plaise à Dieu de me faire sçavoir

[*a*] Virgil. 6. L. de l'Enéide.

ſes volontés ; je vais continuer à chercher dans mes livres, qui ſont mes plus anciens amis, dequoi adoucir les rigueurs de ma priſon, & diſſiper les ennuis de la ſolitude ; ce ſont là de vrais amis, par-tout ils m'ont accompagné, ils ont couru les mêmes riſques que moi : la nuit comme le jour, d'eux-mêmes ils me préſentent des ſujets de conſolations, rien n'égale leur fidélité. A Dieu, n'en ſoyez pas jaloux.

(a) *A Conſtantinople, le jour de devant les Ides de Juillet* 1556.

[a] Le mot d'Ides vient de celui d'*Iduare* qui ſignifie en langue Toſcane diviſée ; auſſi les Ides arrivoient le quinziéme jour des mois de Mars, de May, de Juillet & d'Octobre, & le treiziéme de tous les autres mois.

Fin du Tome premier.

TABLE DES MATIERES.

A.

*A*MASIE, *Ville d'Asie*, pag. 2
Autre Ambassadeur envoyé à Constantinople pendant la detention de M. Malvezzi, 13
Avarice d'un Bacha, 25
Auberge de Turquie, comme on y vit, leurs Bâtimens, 49
Aspre, Monnoye, sa valeur, 62
Andrinople, Ville, sa situation, & son Histoire, 72
Alcoran, Bible des Turcs, 82
Arrivée de Busbec à Constantinople, 84
Arrivée de Mustapha au Camp de Soliman, 94
Ancire, ou Angourie, Ville de la Galatie, son Histoire, 145
Arabsorbet, boisson des Turcs, sa composition, 163
Arrivée de Busbec à Amazie, 171
Arrivée de Busbec à Vienne, 213
Allarme des Sangiacs, à l'occasion du faux Mustapha, 236
Armée du faux Mustapha dissipée & mise en fuite, 238

Achmet, ou Achomate, sa mort, 248

B

Busbec, Terre dont l'Auteur portoit le nom, 3
Bachas, leurs dignités & leurs fonctions, 5
Bude, Ville d'Hongrie, sa description, 31
Bellegrade, Ville d'Hongrie, son Histoire, 39
Bulgares, Peuples, leur origine, 68
Bajazet I. Empereur des Turcs, son Histoire, 85
Bêtes sauvages, 118
Brebis d'une grosseur prodigieuse, 143
Bulgarie & la Thrace, Provinces, 199 & 200

C

Caractere des Turcs, & leur origine, 15
Chiaous, leurs emplois, 23
Conduite de Rustan pendant son éxil, 99
Cruauté de Roxolane envers le fils de Mustapha, ibid.
Courier dépêché à Soliman, pour lui apprendre l'arrivée de Busbec, 107

Constantinople, description, curiosités, &c. 108
Corinthe, sa situation, & son Histoire, 121
Cyacales, especes de loups, 138
Canard dont le cris ressemble au son d'une trompette, 144
Camelot d'Ancyre, le cas que les Turcs en font, 156
Comtes fabuleux des Dervis sur Chederles, 167
Critique des habits Européens, 181
Congé d'adieu de Busbec, quelle cérémonie, 188
Chrétiens de l'un & de l'autre sexe conduits esclaves à Constantinople, 195

D

Départ de Busbec de Vienne, 16
Decadence du royaume d'Hongrie, 42
Denis II. Tyran de Siracuse, son Histoire, 67
Disgrace de Rustan, & la cause, 98
Discours du Bacha Ebrahim à la veuve de Mustapha, 102
Départ de Busbec pour le Pont, 121
Description du Pont, 122
Darius Roy des Perses, son Histoire, 128

Départ de Busbec pour Amasie, 133
Divinités des Egyptiens, 166
Dervis, Moines Turcs, ibid.
Description d'Amasie, 171
Description de la Cour de Soliman, 177
Divan, ce que c'est, 189
Départ de Busbec d'Amasie, 192
Départ de Busbec de Constantinople, 195
Dangers que courut Busbec sur la route de Mohast à Bude, 206
Discours des Bachas à Busbec, 222
Dessein de Bajazet pour usurper l'Empire, 227
Discours du faux Mustapha, 230
Disposition à la révolte dans les Peuples de Moldavie, 234

E

Entretien de Busbec avec Ferdinand, 5
Emprisonnement de M. Malvezzi à Constantinople, 10
Elargissement de M. Malvezzi, 13
Entretien de Busbec avec le Bacha de Bude, 35
Embarquement de Busbec pour Belgrade, 37
Emportement des Janissaires à l'occasion

du meurtre de Muſtapha, 96
Exil de Ruſtan, ſa cauſe, 98
Ebrahim Bacha eſt chargé d'aller porter le lacet au fils de Muſtapha, 101
Eléphant qui joue à la Paulme, 119
Erreur de Polibe ſur l'entrée du Pont, 131
Exemple de la haine des Aſiatiques pour les Turcs, 194
Entrevûe de Busbec avec le Bacha de Bude à Peſth, 208
Evenemens arrivés à la Porte pendant l'abſence de Busbec, 221
Empriſonnement de Busbec à Conſtantinople, 224
Entretien de Roxolane avec Soliman ſur Bajazet, 140

F

Ferdinand I. Anecdote particuliere ſur ſon regne, 3
Fontaine dont l'eau boût 34
Faux Muſtapha, ſon ſtratagème, 229
Frayeur de Bajazet, 244

G

Grand, Ville de la baſſe Hongrie, ſon hiſtoire, 17
Gebize, Ville de Bythinie, 135

Goût des Turcs sur les couleurs, 156
Giangir, jeune Prince, la peur occasionne sa mort, 226

H

Hôpitaux de Turquie, 52
Habillement des femmes qui habitent les plaines de Sophie, 63
Hyenne, animal vorace, contes des Turcs à son sujet, 147

I

Janissaires, 26
Ismael Empereur des Perses, son histoire, 122
Indes Orientales & Occidentales, 125
Isles ambulantes, 130
Inscriptions sur les Portes de Nycée, 140
Inscription des Victoires d'Auguste en Asie, 154
Incendie arrivée à Amasie, 172
Inquietudes de Busbec sur sa mauvaise réception, 183
Incertitude de Busbec sur son retour à Vienne, 251

K

Kazocli, Hameau, 137

DES MATIERES. 259
Kederles, 167

L

Louis II. Roy d'Hongrie, son Histoire,
42
Lettre de Rustan à Soliman, 90
Lettre de Soliman à Mustapha, 91

M

Malvezzi, Ambassadeur, 7
Mœsie, Province, son Histoire, 40
Mahomet II. 41
Moyen dont se sert Busbec pour engager les Turcs à le laisser dormir, 66
Mufeti, quelle est sa Dignité, 92
Meurtre de Mustapha, 95
Mort du fils de Mustapha, 105
Médailles antiques, 151
Mets ordinaire des Turcs, 165
Mort d'un des gens de la suite de Busbec, causée par la peste, 196
Embarras de son Medecin pour guérir les autres Domestiques qui s'en trouvent infectés, 198
Mohast, lieu où périt Louis II. Roy de Hongrie, 205
Menaces faites à Busbec par les Turcs, 224

Y ij

N

Nécessité aux Etrangers de répandre beaucoup d'argent en Turquie, 74
Nicomédie, Ville d'Asie, son Histoire, 136
Nycée, Ville de Bythinie, sa fondation, 137
Nez d'un Turc coupé par des Hongrois, 210
Nombre des Princes, fils de Soliman, & leurs noms, 225

O

Origine des roses suivant les Turcs, 83
Origine des Maires & Echevins, 203

P

Pompe funebre à la Grecque, 45
Philoppopolis, Ville de la Turquie en Europe, 68
Penchant naturel des Turcs pour les fleurs, 74
Paix du Turc faite avec l'Ambassadeur de Perse, 184
Plaintes de Busbec des mépris trop marqués que les Bachas firent de lui, 189
Portrait de Soliman, 190

Pannonie, grande région d'Allemagne, 201
Presens que les Echevins d'Essek firent à Busbec, 203
Politique de Busbec à l'égard de ses jaloux, 215
Parti considérable pour le faux Mustapha, 236
Perthau Bacha va au secours des Sangiacs, 239
Prise du faux Mustapha, politique de Soliman pour ne pas le faire mourir en public, 240

R

Rustan, Vizir, 8
Respect des Turcs pour le papier, 79
Roxolane forme le dessein de faire mourir Mustapha, moyens dont elle se sert, 87
Raisons de Busbec qui l'engagent à écrire le nom des lieux par lesquels il passe pour aller en Asie, 135
Repas splendide, donné à l'Ambassadeur de Perse par Halli Bacha, 185
Retour incognito de Busbec auprès de Ferdinand, 213
Roxolane obtient de Soliman la grace de Bajazet, 240
Réprimande de Soliman à Bajazet, 245

S

Substitution de Busbec à la place de M. Malvezzi, 15
Sangiacs, leurs emplois, 20
Systême des Turcs sur l'usage du vin, 29
Systême des Turcs sur leurs Maisons, 32
Servie, Province, sa situation, & ses limites, 44
Sommeil des Turcs, 50
Secours que Busbec tire du vin dans son voyage, 55
Sophie, Ville de Bulgarie, sa situation, 61
Selim I. Empereur des Turcs, son Histoire, 75
Selimbria, Ville, & ses agrémens, 76
Sort destiné aux freres des Empereurs Turcs, 89
Superstition des Grecs pour les Limaçons, 111
Sacrement de Pénitence administré pour de l'argent, 112
Scites Européens, leur origine, 128
Simplicités de deux Asiatiques, 158
Sobriete des Turcs, 161
Silence qui regne en présence de l'Em-

TABLE DES MATIERES.

pereur des Turcs, 182
Scordium, Plante, ses propriétés, 198
Seconde Lettre de Busbec, & le sujet, 218

T

Traité de Ferdinand avec la Reine Isa-belle, 7
Talisman des Turcs, 58
Tombeaux envoyés du Ciel aux Turcs, 71
Tartares Précopites, leur maniere de vivre, 36
Tems auquel Busbec arrive à Constantinople, second voyage, 221

V

Vayvode, leurs qualités, 12
Usages singuliers des Turcs dans les jours de cérémonies, 36
Visite que Busbec rend aux Bachas étant arrivé à Amasie, 174

Z

Zone Torride, on la croyoit autrefois inhabitable, 132

Fin de la Table.

ERRATA.

ABregé de la Vie de l'Auteur, *page* xxiv. *ligne* 4. ce Tyran, *lisez* ce Sultan.
Page 3 *ligne* 29. Charles IV. *lisez* Charles V.
Page 13. *l*. 29. & se fit, *l*. & il se fit.
Page 14. *l*. 5. *transposez le dernier mot*, mais en passant.
Page 15. *l*. 14. je pûs. *lis*. je pusse.
Page 22. *l*. 2. le tems étant. *lis*. étoit.
Page 27. *l*. 8. Corne. *lis*. Cône.
Page 30. *l*. 20. quelqu'un. *lis*. quelques-uns.
Page 39. *l*. 6. les côtaux. *lis*. ses côtaux. & *lig*. 11. Drare. *lis*. Drave.
Page 45. *l*. 2. & 30. Jogodna. *lis*. Jagodna.
Page 48. *l*. 5. mit. *lis*. mises; & *l*. 13. Couriers. *lis*. Convies.
Page 50. *l*. 18. devoient. *lis*. devroient.
Page 69. *l*. 16. Barée. *lis*. Borée.
Page 72. *l*. 5. des monumens. *lis*. de monumens.
Page 76. *l*. 24. mil. *lis*. mille.
Page 110. *l*. 12. murs. *lis*. mers.
Page 113. *l*. 15. c'est le compte. *supprimez* c'est.
Page 131. *l*. 14. dans le Port. *lis*. dans le Pont.
Page 147. *l*. 23. Bellonus. *lis*. Bélon.
Page 154. *l*. 7. tectolages. *lis*. tectosages.
Page 156. *l*. 2. de Chevies. *lis*. des Chevres.
Page 164. *l*. 8. Si vous goutés. *lis*. Si vous goutiés.
Page 168. *l*. 14. qui l'employoient. *lis*. qui l'imploroient.
Page 187. *l*. 19. la paix se fut faite. *lis*. se conclût.
Page 208. *l*. 27. est de forme quarrée. *lis*. est une Ville de forme quarrée.
Page 234. *l*. 24. des gens. *lis*. de gens.
Page 240. *l*. 22. Empereurs Ottomans; *supprimez* le point & la virgule.

APPROBATION.

J'AY lû par ordre de Monseigneur le Chancelier, un Manuscrit qui a pour titre *Lettres du Baron de Busbec, &c.* Je n'y ai rien trouvé qui puisse en empêcher l'Impression. A Paris, le 16 Novembre 1747. SALLIER.

PRIVILEGE DU ROY.

LOUIS, par la grace de Dieu, Roy de France & de Navarre, à nos amés & féaux Conseillers, les Gens tenans nos Cours de Parlement, Maîtres des Requêtes ordinaires de notre Hôtel, Grand Conseil, Prevôt de Paris, Baillifs, Sénéchaux, leurs Lieutenans Civils, & autres nos Justiciers qu'il appartiendra, SALUT. Notre bien amé CLAUDE JEAN-BAPTISTE BAUCHE, fils, Libraire à Paris, Nous a fait exposer qu'il désireroit faire imprimer & donner au public un Ouvrage qui a pour titre, *Lettres du Baron de Busbec, Ambassadeur en différentes Cours de Ferdinand I. Roy des Romains, &c. traduites du Latin en François, avec des notes historiques*, s'il nous plaisoit lui accorder nos Lettres de Privilége pour ce nécessaires. A CES CAUSES, voulant favorablement traiter l'Exposant, nous lui avons permis & permettons par ces Presentes de faire imprimer ledit Ouvrage en un ou plusieurs volumes, & autant de fois que bon lui semblera, & de le faire vendre & débiter par tout notre Royaume pendant le tems de neuf années consécutives, à compter du jour de la date des Presentes ; faisons défenses à toutes personnes de quelque qualité & condition qu'elles soient d'en introduire d'impression étrangere dans aucun lieu de notre obéissance, comme aussi à tous Libraires & Imprimeurs, d'imprimer ou faire imprimer, vendre, faire vendre, debiter ni contrefaire ledit ouvrage, ni d'en faire aucun extrait, sous quelque prétexte que ce soit d'augmentation, correction, changement ou autres, sans la permission expresse & par écrit dudit Exposant, ou de ceux qui auront droit de lui, à peine de confiscation des Exemplaires contrefaits, de trois mille liv. d'amende contre chacun des contrevenans, dont un tiers à Nous, un tiers à l'Hôtel-Dieu de Paris, & l'autre tiers audit Exposant, ou à celui qui aura droit de lui, & de tous dépens, dommages & interêts; à la charge que ces Présentes seront enregistrées tout au long sur le Regître de la Communauté des Libraires & Imprimeurs de Paris dans trois mois de la date d'icelles; que l'impression dudit ouvrage sera faite dans notre Royaume & non ailleurs, en bon papier & beaux caracteres, conformément à la feuille imprimée attachée pour modele sous le contre-scel des Présentes; que l'impétrant se conformera en tout aux Reglemens de la Librairie, & notament à celui du 10 Avril 1725; qu'avant de l'exposer en vente le Manuscrit qui aura servi de copie à l'impression dudit ouvrage sera remis dans le même état où l'approbation y aura été donnée ès mains de notre très-cher & féal Chevalier le sieur Daguesseau, Chancelier de France, Commandeur de nos Ordres, & qu'il en sera ensuite remis deux éxemplaires dans notre Bibliotheque publique, un dans celle de notre Château du

Louvre, & un dans celle de notre très cher & féal Chevalier le sieur Daguesseau Chancelier de France, le tout à peine de nullité des Présentes, du contenu desquelles vous mandons & enjoignons de faire jouir ledit Exposant & ses ayans causes pleinement & paisiblement, sans souffrir qu'il leur soit fait aucun trouble ou empêchement : Voulons que la copie des Présentes qui sera imprimée tout au long au commencement ou à la fin dudit ouvrage soit tenue pour dûment signifiée, & qu'aux copies collationnées par l'un de nos amez, féaux Conseillers & Secrétaires, foi soit ajoutée comme à l'original. Commandons au premier notre Huissier ou Sergent sur ce requis de faire pour l'exécution d'icelles tous actes requis & nécessaires sans demander autre permission, & nonobstant clameur de Haro, Charte Normande, & Lettres à ce contraires, CAR tel est notre plaisir. DONNÉ à Paris, le vingt-deuxième jour du mois de Decembre, l'an de grace mil sept cent quarante-sept, & de notre reg... trente-troisième. Par le Roy en son Con

SAINSON.

Regiſtré enſemble la ceſſion ci-derriere ſur le Regiſtre onze de la Chambre Royale des Libraires & Imprimeurs de Paris, N°. 899. fol. 789. conformément aux anciens Reglemens confirmés par celui du 28 Février 1723. A Paris ce 8 Janvier 1748.

G. CAVELIER, Syndic.

Je reconnois que le sieur Laurent d'Houry, fils, est associé au présent Privilége suivant l'accord fait entre nous A Paris ce 5 Janvier 1748. BAUCHE, fils.

www.ingramcontent.com/pod-product-compliance
Lightning Source LLC
Chambersburg PA
CBHW070825170426
43200CB00007B/902